밴플리트, 대한민국의 영원한 동반자

밴플리트, 대한민국의 영원한 동반자

남정옥 지음

차 례

밴플리트(James A. Van Fleet, 1892~1992)는 네덜란드계 미국인으로 태어나 웨스트포인트(West Point)를 나와 육군대장까지 오른 미국의 대표적인 전쟁영웅이다. 밴플리트는 제1차 및 제2차 세계대전에 참전한 전쟁영웅으로 6.25전쟁 때는 미 제8군사령관으로서 가장 어려운 시기에 대한민국을 수호하고, 전후에는 한국의 안보 및 경제 발전을 위해 헌신했던 '대한민국의 은인(恩人)'이다. 밴플리트도 대한민국을 '제2의 조국'이라 여기며 헌신하는 것을 마다하지 않았다. 그런 점에서 6.25전쟁에서 가장 중요한 시기에 그가 미 제8군사령관으로 임명된 것은 어쩌면 대한민국에게는 크나큰 행운이었다.

밴플리트는 본인의 의지와는 전혀 관계없이 미 제8군사령관에 임

명되어 한국전선에 오게 됐다. 밴플리트의 미 제8군사령관 임명은
유엔군 사령관 맥아더(Douglas MacArthur) 원수의 전격해임에 따라 이
뤄졌다. 그 여파로 한국전선의 미군 수뇌부에 인사이동이 있었다.
거기에 밴플리트가 물려 들어갔다. 맥아더의 후임에는 당시 미 제8
군사령관이던 리지웨이(Matthew B. Ridgway) 장군이 임명됐고, 미 제
8군사령관에는 미 제2군사령관 밴플리트 육군중장이 임명됐다. 그
당시 미 본토에 주둔하고 있던 미 제2군사령관은 대부분 전역하는
자리였다. 그런데 발탁된 것이다. 게다가 밴플리트 입장에서는 격에
어울리지 않는 인사였다. 그 당시 나토(NATO)군사령관 아이젠하워
(Dwight D. Eisenhower) 원수와 합참의장 브래들리(Omar N. Bradley) 원수
는 사관학교 동기생이었고, 새로 임명된 유엔군 사령관 리지웨이 중
장과 육군참모총장 콜린스(J. Lawton Collins) 대장은 사관학교 2년 후
배였다. 사관학교 후배들이 직접 상관이 된 것이다. 서로에게 껄끄
러운 인사였다.

　유엔군 사령관이 된 리지웨이 장군은 제2차 세계대전시 밴플리트
장군이 자신의 작전을 놓고 비판한 것을 알고 있었고, 사관학교 선
배라는 점을 들어 밴플리트의 미 제8군사령관 임명을 달갑지 않게
여겼다. 그럼에도 밴플리트는 마셜(George C. Marshall) 국방부장관의
강력한 추천과 콜린스 육군참모총장의 동의, 그리고 트루먼(Harry S.

Truman) 대통령의 후원에 힘입어 미 제8군사령관에 임명됐다. 그의 임명은 순전히 야전 전투지휘관으로서의 탁월한 능력 때문이었다. 밴플리트는 맥아더 장군이 해임된 3일 후인 1951년 4월 14일, 미 제8군사령관에 취임했다. 그는 제2차 세계대전시 노르망디 상륙작전에 연대장으로 참전해 지휘능력을 인정받아 8개월 만에 부사단장과 사단장을 거쳐 군단장까지 고속 승진했던 경이적인 경력을 갖고 있었다.

제2차 세계대전이 종결되자, 밴플리트는 1948년 2월, 육군중장으로 승진하는 동시에 그리스의 공산 게릴라를 토벌하기 위한 미 군사고문단장에 임명됐다. 이때도 밴플리트의 뛰어난 전투지휘능력을 인정한 미 육군참모총장 출신의 국무장관 마셜 원수의 강력한 추천이 있었다. 그리스의 미 군사고문단장으로서 밴플리트는 그리스의 공산 게릴라를 완전 소탕함으로써 미국 대외정책의 근간을 이루고 있던 트루먼 독트린(Truman Doctrine)의 본래 취지를 살렸다. 백악관과 펜타곤은 그의 전공을 높이 치하했다. 밴플리트는 이때의 경험을 되살려 1951년 말, 지리산 일대의 한국의 후방지역에서 준동하던 대규모 공산 빨치산들을 일거에 토벌하는 데 성공함으로써 '밤의 인민공화국'으로 불리던 그 지역의 치안을 회복하고 후방지역을 조기에 안정시켰다.

밴플리트의 미 제8군사령관 임명은 순전히 그의 전공과 전투지휘 능력 때문이었다. 밴플리트 장군은 두 번의 세계대전에서 보여준 탁월한 지휘능력과 그리스에서의 공산 게릴라에 대한 신속하면서도 성공적인 소탕작전을 눈여겨봤던 당시 미 국방부장관 마셜 원수에 의해 미 제8군사령관에 전격 발탁됐다. 밴플리트는 6.25전쟁 시기의 미 제8군사령관 4명 가운데 가장 오래 동안 재직하며 대한민국의 자유 수호와 국군의 발전을 위해 헌신했다. 밴플리트는 워커(Walton H. Walker) 장군(6개월), 리지웨이 장군(4개월), 테일러(Maxwell D. Taylor) 장군(6개월)에 비해 훨씬 긴 22개월(1951.4~1953.2) 동안 재직하며, 국군 발전(4년제 육군사관학교 설립, 국군 20개 사단 증설, 국군 장교 미국유학 추진)에 공헌했다. 이승만(李承晩, 1875~1965) 대통령이 그를 '대한민국 육군의 아버지'라고 부른 이유도 여기에 있다.

밴플리트 장군이 미 제8군사령관에 취임할 때 전선의 상황은 녹록지 않았다. 중공군은 밴플리트의 능력을 시험하려는 듯 연거푸 두 차례(1951년 4월과 5월)에 걸쳐 대규모 공세를 감행하여 서울을 다시 점령하고, 나아가 전장주도권을 다시 빼앗고자 했다. 그러나 밴플리트 장군은 1951년 봄 중공군의 두 차례 공세를 물리치고 총반격에 나섬으로써 중부전선에서는 철원-김화 지구의 와이오밍(Wyoming) 선을 확보하고, 동부전선에서는 화천저수지-펀치볼-거진을 연결하는 캔자스(Kansas) 선까지 진출했다. 이때 혼쭐이 난 중공군은 밴플리트 재임 동안 대규모 공세를 펼치지 못했다.

하지만 1951년 7월 휴전회담이 시작되면서 워싱턴의 방침에 따라 북진작전에 제한이 가해졌다. 리지웨이 유엔군 사령관은 제8군에 대한 밴플리트의 작전권을 제한했다. 리지웨이는 '철의 삼각지대(Iron Triangle)' 확보를 위해 설정한 중간 통제선인 유타(Utah, 금학산-광덕산-백운산)선 이북으로 진출할 때는 보고 후에 실시하도록 했고, 최종 통제선인 와이오밍(연천-고대산-화천저수지)선 이북으로 진격할 때는 반드시 승인을 받도록 했다. 이른바 현 접촉선 이북으로 전선을 확대하지 말라는 것이었다.

밴플리트 장군은 이런 제한된 작전지침에도 불구하고 북위 39도선(평양-원산)을 확보하기 위한 대규모 북진작전을 계획했다. 그러나 밴플리트의 북진작전은 워싱턴의 펜타곤과 도쿄(東京)의 유엔군 사령부로부터 미군에 과도한 인명손실을 끼칠 수 있고 휴전에 악영향을 준다는 이유 등으로 거부됐다. 그럼에도 밴플리트 장군은 미 제8군사령관으로 약 2년간 재직하는 동안 수없이 많은 공세작전을 통해 오늘날의 휴전선을 확보하는데 기여했다. 밴플리트의 입장에서 볼 때 전쟁의 승산이 유엔군에게 있었음에도, 전쟁을 협상으로 끝내려는 워싱턴의 휴전정책이 군사적 승리를 가로 막고 있다고 생각했다. 밴플리트와 이승만이 안타까워했던 점도 바로 이 것이었다. 충분히 이길 수 있는 전쟁을 휴전으로 끝내려고 했기 때문이다. 이것이 이승만 대통령과 밴플리트를 가깝게 만든 이유가 됐다.

밴플리트는 아이젠하워나 맥아더처럼 군사적인 재능과 정치적 수완을 동시에 겸비하지 못했다. 그는 오로지 전투를 통해 군사령관까지 올라간 전형적인 야전지휘관이었다. 그런 야전군인으로서의 필승의 신념과 정치에 때묻지 않은 순수함이 이승만 대통령을 존경하고 대한민국을 위해 헌신하게 했다. 이승만 대통령과 박정희(朴正熙, 1917~1979) 대통령, 그리고 한국 국민들이 밴플리트 장군을 좋아했던 까닭이다. 그런 그에게 대한민국은 무심하지 않았다.

대한민국 정부는 임기를 마치고 떠나는 밴플리트에게 1953년 1월 26일, 대한민국 건국훈장을 수여했고, 서울대학교는 1953년 1월 31일에 부산의 경남도청에서 명예박사학위를 수여했다. 또 1953년 2월 11일 미 제8군사령관 이·취임식에서 이승만 대통령은 태극무공훈장을 수여했다. 특히 대한민국 육군사관학교는 1960년 3월에 밴플리트 장군의 동상을 건립해 육군사관학교의 아버지로 받들었다. 또한 한미동맹친선협회는 1952년 4월, 한국전에서 전사한 밴플리트의 외아들인 밴플리트 2세(James A. Van Fleet Jr., 전사 후 대위로 추서) 대위의 흉상을 그의 서거 60주년을 맞아 2012년 6월, 오산 미 공군기지에 건립했다. 대한민국과 국민들이 그들을 그만큼 존경하고 고마워하고 있다는 증표다. 때맞춰 미국에 살고 있는 밴플리트의 손자들도 방한해 밴플리트 부자의 동상에 헌화하며 대한민국 국민들에게 고마움을 표시했다. 국가보훈처도 2014년 3월, 밴플리트 부자(父子)를 '6.25전쟁의 영웅'으로 선정하여 그들의 희생정신과 대한민국에 대한 헌신을 기렸다. 부자가 함께 6.25전쟁 영웅으로 선정된 것은 처음 있는 일이다.

밴플리트 장군은 생전에 이에 보답이라도 하듯, 대한민국과 국군을 위해 노력을 아끼지 않았다. 밴플리트는 1953년 3월 전역 후, 이승만 대통령의 휴전반대에 맞서지 않으려고 아이젠하워 대통령이 제의한 주한미국대사 직을 단번에 거절했다. 그리고서 그는 미국의 거물급 경제계 인사들을 대동하고 방한해 한국에 대한 투자를 설득했고, 제주도에 대규모 축산목장 건설을 적극 지원했다. 그것도 모자라 한국을 조직적으로 돕기 위해 미국의 저명인사들이 참여한 '코리아 소사이어티(Korea Society)'라는 민간단체를 만들어 한국지원에 발벗고 나섰다. 밴플리트의 한국에 대한 우정은 죽어서도 계속됐다. 그것은 바로 한미발전에 기여한 양국의 인물과 단체에 수여하는 '밴플리트 상(Van Fleet Award)'이다. 미국의 카터(James E. carter Jr.)와 부시(George H. W. Bush) 대통령, 키신저(Henry A. Kissinger) 국무장관, 페리

(William J. Perry) 국방장관, 한국의 김대중(金大中) 대통령, 백선엽(白善燁) 장군, 이건희(李健熙), 정몽구(鄭夢九), 최종현(崔鍾賢), 박용만(朴容晩) 회장 등이 밴플리트 상을 수상했다. 코리아 소사이어티는 밴플리트가 타계한 1992년부터 이 상을 제정하여 수여하고 있다. 나아가 밴플리트 가문의 한국 사랑도 여전하다. 밴플리트의 손자들은 과거 할아버지가 이룬 한국과의 뜻 깊은 우정을 돈독히 하기 위해 노력하고 있다.

이렇듯 밴플리트는 제1, 2차 세계대전의 영웅이면서 6.25전쟁의 영웅, 그리고 대한민국 육군과 육군사관학교의 아버지로서 한미 양국의 국민과 군으로부터 존경의 대상이 되어 왔다. 그가 한미 양국에 남긴 위대한 유산인 '밴플리트 상'은 지금껏 양국의 발전에 크게 기여했다. 대한민국을 '제2의 조국'으로 여기며 사랑하고 아꼈던 밴플리트 장군은, 전쟁영웅이자 대한민국의 영원한 동반자로, 대한민국 국민들의 가슴 속에 깊이 각인되어 영원히 기억되어져야 할 것이다.

그런 점에서 이 책은 밴플리트 장군의 평전(評傳)에 가깝다고 할 수 있다. 이 책의 발간 목적은 밴플리트의 대한민국에 대한 사랑과 우정이 얼마나 깊은지를 대한민국 국민들에게 널리 알리는데 있다. 그렇게 함으로써 대한민국 국민들로 하여금 밴플리트 장군의 한국에 대한 열정과 헌신이 얼마나 컸었는지를 알게 하고자 한다. 이와 관련해서 그가 대한민국 발전에 얼마나 많은 도움을 주었는지도 여실히 밝히려고 한다. 나아가 대한민국 국민들에게 밴플리트에 대한 인식을 새롭게 일깨워 줌으로써 대한민국이 현재 누리고 있는 경제적 번영과 한미동맹 속에서 이루어진 튼튼한 안보가 누구로부터 나왔는지를 똑똑히 알리고자 한다.

미국 알링턴 국립묘지에 안장된 이 책의 주인공 밴플리트 장군과 그의 가문, 그리고 서울 동작동의 국립현충원에 묻혀 '대한민국 통일과 번영'만을 학수고대(鶴首苦待)하고 있을 이승만 대통령과 박정희 대통령의 나라사랑과 국민사랑을 새삼 되새기며, 그 분들의 명복을 함께 빌어 본다. 이 분들이 조국의 수호신이 되어 대한민국을 보살펴 주시기를 염원해 본다.

2015년 봄
남한산성 서재에서 남정옥

1부

플로리다 시골소년, 미국 최고의 야전지휘관이 되다

네덜란드계 미국인으로 출생

밴플리트(James A. Van Fleet, 1892.3.19.~1992.9.23.) 장군은 네덜란드계 미국인이다. 그는 1892년 3월 19일에 뉴저지(New Jersey) 주 코이츠빌(Coytesville)에서 아버지 윌리엄 밴플리트(William Van Fleet)와 어머니 스코필드(Medora R. Scofield) 사이에서 태어났다. 그가 태어날 때 누나 둘과 형 셋이 있었다. 가난했지만 형제애가 깊은 다복한 가족이었다. 그러나 밴플리트는 그곳에서 오래 살지 못했다. 그가 태어난 다음 해인 1893년에 부모를 따라 플로리다(Florida) 주로 이사를 가게 되었고, 그곳에서 미 육군사관학교(Military Academy)인 웨스트포인트(West

Point)에 들어가기 전까지 어린 시절을 보냈기 때문이다. 그의 부모는 가난했지만 매우 성실했고, 자식들에게 사랑을 듬뿍 나눠 줄줄 아는 마음이 넉넉한 분들이었다. 그는 그런 부모 밑에서 어린 시절을 구김살 없이 자랐다. 교사였던 두 누나는 그의 학업을 도와줬고, 형들은 그의 평생 취미가 된 사냥과 낚시를 가르쳐줬다.

밴플리트 아버지는 그가 태어나기 이전부터 극장과 동물원, 그리고 광산업과 철도사업 등에 손을 댔으나 번번이 실패했다. 경영수완도 없었지만 사업의 운도 따르지 않았다. 그런 탓으로 밴플리트가 태어났을 때 집안은 넉넉한 형편이 못됐다. 가족이 플로리다로 이사하게 된 것도 결국 아버지의 거듭된 사업실패에 따른 결과였다. 하지만 그는 그곳에서 자연과 더불어 살며 소중한 어린 시절을 보낼수 있었다. 그는 우체국 내의 소형점포를 운영하는 아버지를 도와 신문배달 일을 돕기도 하고, 식품점 등에서 아르바이트를 하며 학교를 다녔다. 미식축구와 사냥 등 운동을 좋아하고 아르바이트로 바빴던 그의 학교성적은 썩 뛰어나지는 못했지만, 아버지의 권유대로 미 육군사관학교에 입학할 정도의 실력은 갖추고 있었다.

플로리다에서 밴플리트의 삶은 행복했다. 당시 플로리다 주는 대부분이 시골지역으로 도로가 발달하지 않아 우마차가 교통수단으로 주로 이용되었고, 깊은 강과 늪지가 있는 아열대성 삼림지대였다.

그는 그런 자연환경에서 형을 따라 다니며 사냥과 낚시를 익히며 즐거운 나날을 보냈다. 그가 한국에 와서 자주 사냥을 하게 된 것도 그때 익힌 사냥술 덕분이었다. 사냥 중 밴플리트는 생명을 잃을 뻔했다. 큰 형 리차드(Richard)가 숲 속에 숨어 부스럭거리는 밴플리트를 토끼가 움직인 것으로 잘못 보고 쏜 엽총에 다리를 맞았기 때문이다. 한동안 고생했지만 그것도 하나의 아름다운 추억으로 남게 됐다. 또 그가 살던 근처에는 과거 인디언 토벌을 위해 주둔했던 미 제8보병연대 본부터가 있었다. 미 제8보병연대는 그가 제2차 세계대전시 노르망디 상륙작전에서 연대장으로 지휘했던 부대이다. 우연의 일치라고 하기보다는 가히 운명적인 일이 아닌가 싶다.

밴플리트 가문은 증조부 때 네덜란드 암스테르담에서 미국 뉴욕으로 건너왔다. 그의 가문이 미국에 정착하기까지는 오랜 세월이 흘렀다. 증조부와 할아버지, 그리고 아버지에 이어 밴플리트 장군 대에 이르러, 그의 가문은 존경받는 집안으로 자리잡게 됐다. 그것은 밴플리트 장군이 군인으로서 세운 전공과 업적 때문이었다.

그가 군인으로 성공하게 된 데에는 할아버지와 어머니 쪽의 무인(武人) 혈통이 무관치 않았다. 밴플리트에게는 무인의 피가 흐르고 있었다. 그의 할아버지는 15세의 어린나이에 뉴욕에서 인디언에 대항하기 위해 군대에 지원했고; 독립전쟁 때에는 뉴욕 주 시민군 소위로 임관하여 대령 계급까지 올라갔다. 그의 외가도 무인 집안이었다. 어머니는 1888년부터 1895년까지 7년간 미국 육군참모총장을 역임한 스코필드(John M. Scofield) 장군의 조카였다. 스코필드 장군은 남북전쟁 때 북군의 장군으로 용맹을 떨쳤다. 그가 군인으로 성공하게 된 것은 독립전쟁에 참가한 할아버지와 스코필드 장군 집안의 피를 물려받은 어머니의 혈통 덕분이 아닌가 싶다.

밴플리트는 할아버지와 외가에서 물려받은 무인가문의 전통을 수립했다. 그는 미국 육군사관학교를 나와 제2차 세계대전과 6.25전쟁에 참전한 전쟁영웅으로 육군대장이 되어 전역했다. 1915년 육군사관학교 졸업 후 동기생 중 가장 먼저 결혼했던 그는 1남 2녀를 두었다. 그는 임관한 지 6개월 후인 1915년 12월 25일, 크리스마스 날 펜실베이니아 주 카네기의 로슬린 농장에 있는 처남 로버트 무어(Robert J. Moore)의 집에서 결혼식을 올렸다. 아내는 콜롬비아 대학 출신으로 활달하고 미모가 뛰어난 헬렌 무어(Helen Moore)였다. 그는 헬렌과의 사이에서 두 딸(엘리자베스와 뎀프시)과 아들(밴플리트 2세) 하나를 두었다.

밴플리트의 사위 둘도 모두 미 육군사관학교를 졸업한 군인이었다. 엘리자베스의 남편이자 큰 사위는 맥코넬(Edward McConnell)이었고, 뎀프시의 남편이자 둘째 사위는 맥크리스천(Joseph McChristian)이었다. 그리고 외아들 밴플리트 2세도 미 육군사관학교를 졸업하고 공군조종사로 한국전에 참전했다가 1952년 4월 4일, 북한지역에서의 야간폭격임무 수행 중 적 대공포화를 맞고 장렬히 전사한 군인이었다. 다행히 아들에게는 혈육이 남아 있었다. 친손자인 밴플리트 3세였다. 그의 손자인 밴플리트 3세도 미 공군사관학교를 졸업하고 할아버지와 아버지가 그랬던 것처럼 군인의 길을 걸었다. 외손자도 육군사관학교를 졸업하고 장교가 됐다. 이로써 밴플리트 가문은 어느 가문에도 뒤지지 않는 대표적인 군인 명문가로 자리 잡게 됐다. 그의 가문이 미국에서 군인명문가로 발돋움할 수 있었던 것은 전쟁영웅이자 한국의 영원한 은인 밴플리트 장군이 있었기 때문에 가능했다. 그런 밴플리트 장군은 1992년 100세의 나이에 타계함으로써 최장수 미군 장성이라는 기록도 세웠다.

아버지 권유로 미 육군사관학교 입학

밴플리트는 플로리다 주 바토우(Bartow)에 있는 서머린학교(Sermmerlin Institute)의 부속 중등학교를 다니다가 아버지의 권유에 의해 미 육군사관학교인 웨스트포인트(West Point)에 들어갔다. 그는 아버지의 사관학교 입학 권유를 받고 흔쾌히 동의했다. 그리고 사관학교 입학시험과 체력검정에 철저히 매달렸다. 결과는 합격이었다. 그는 1911년 6월 14일, 미 육군사관학교에 입학하게 됐다. 그때 나이 19살이었다. 이 해는 대한제국이 일본에 의해 나라를 빼앗긴지 약 1년이 된 때였다. 그로부터 40년 후인 1951년 4월, 그는 대한민국을 구원하기 위해 한국전선에 오게 된다.

밴플리트의 사관학교 생도생활은 녹록지 않았다. 우선 도시에서 자란 부유한 집안의 동기생들보다 학과공부에서 다소 밀렸다. 플로리다에서 주로 사냥과 낚시 그리고 아르바이트를 하며 학비를 벌었던 그는 도시의 좋은 교육환경에서 자란 동기생들보다 사회성이나 학과공부가 떨어졌다. 그는 이것을 인정했다. 하지만 그에게도 장점이 있었다. 학문적 지식은 다소 떨어졌지만, 체력만큼은 누구에게도 뒤지지 않았다. 플로리다의 자연환경이 키워낸 강인한 체력이었다. 사관학교 입학 당시 그는 키 185cm에 몸무게 84kg의 건장한 청년이었다. 거기에다 뛰어난 사냥꾼에다 운동선수였으니 사관학교가 요구하는 운동신경과 체력조건은 완벽하게 갖추었다고 할 수 있었다.

그런데 문제는 사관학교의 수준 높은 학과교육과 규칙적인 생활이었다. 사관학교 생도생활은 여유가 없었다. 꼭 짜인 학습시간과 군대식 교육 및 훈련, 그리고 직각 식사와 직각 보행은 숙달될 때까지 고역이었다. 미국 육군사관학교는 예나 지금이나 전통에 따라 생도들에게 능력범위 이상의 과중한 학과공부와 강인한 체력과 정신력, 그리고 규칙적인 행동을 요구했다. 특히 신입생인 1학년 생도에게 그 정도가 심했다. 1학년 생도들은 새벽부터 밤까지 집합과 훈련 그리고 점호준비를 해야 했다. 하루가 고통스럽지 않은 날이 없었다. 정규교육에 익숙하지 못했던 밴플리트에게 사관학교 생활은 참기 힘들 정도로 곤욕스러웠다. 특히 사관학교에서 요구하는 필독도서를 기한 내에 읽는 것은 고역 중의 고역이었다. 운동을 좋아했던 그에게 독서는 어려운 과제였다. 그는 학교에서 요구하는 독서량의 5분의 1 밖에 소화하지 못했다. 그러다보니 학과 성적이 좋을 리 만무했다.

밴플리트는 어머니에게 그런 고민을 편지로 써서 보냈다. 어머니는 답장에서 "학교 교육에 충실하라. 순간의 고통을 참아라. 지금 네가 얼마나 많은 것을 배우고 있는지를 생각하라."며 위로했다. 어머니의 답장은 그에게 많은 힘이 됐다. 그는 어머니의 조언과 믿음을 알고, 어떠한 어려움과 난관에 부딪치더라도 끝까지 견디어 내겠다는 각오를 다졌다. 아버지도 자신의 인생경험에서 얻은 교훈을 사관학교에서 힘들게 생활하고 있는 아들에게 편지로 썼다. 아버지는 편지에서, "끈질기게 매달려라, 인내하라, 꾸준히 노력해라, 첫 해를 넘

기면 수월해 질 것이다."라며 격려했다. 그는 아버지가 편지에서 강조한 "끝까지 인내하라!'는 말을 평생 가슴속에 품고 살았다.

밴플리트는 상급학년으로 올라갈수록 사관학교 생활에 점차 적응하면서 자신감을 갖게 됐다. 그는 미식축구와 사격 그리고 군사학에서 두각을 나타냈다. 또한 친구들도 사귀었다. 생도중대에는 장차 미국 대통령이 될 아이젠하워(Dwight D. Eisenhower)와 초대 합동참모회의 의장이 될 브래들리(Omar N. Bradley)가 있었다. 그는 처음에 그 둘을 잘 알지 못했지만, 4학년 때 미식축구팀에 들어가면서 친해졌다. 아이젠하워는 얼마 안 있어 부상으로 미식축구 팀을 그만 뒀으나, 브래들리와는 대표선수로 활동하면서 친분을 쌓게 됐다. 브래들리는 제2차 세계대전과 6.25전쟁 때 밴플리트의 직속 상관이 되었다. 밴플리트는 1914년 해군과의 경기에서 풀백을 맡아 완벽한 수비를 함으로써 해군을 20대 0으로 이기는데 기여했다. 경기가 끝난 후, 그는 승리한 기념으로 경기에 사용된 공과 해군의 점수 '0'이 새겨진 점수판을 기념품으로 가져갔다. 이때부터 그는 "싸우면 이길 수 있다."라는 '필승의 신념(will to win)'을 갖게 됐다. 이것은 군인 밴플리트의 평생 좌우명이 됐다.

육군 보병소위 임관과 웨스트포인트 동기생들

육군사관학교 시절 밴플리트의 사격은 최우수였다. 그를 따라올 자가 없을 정도로 명사수였다. 그리고 승마, 체조, 야전훈련, 기동훈련 등 체육활동과 군사학에서 뛰어난 성적을 보였다. 하지만 언어학, 법학, 사교댄스 등에서는 고전했다. 사관학교 성적은 중하위권을 유지했다. 1학년 때는 115등, 2학년 때는 48등, 3학년 때는 136등, 그리고 최종학년인 4학년 때는 동기생 164명 중 92등이었다. 임관할때 그는 보병병과를 선택했다. 당시 사관학교 졸업생들 중 성적이 우수한 자들은 주로 공병병과를 선택했고, 중위권 이상의 졸업생들은 포병병과나 병기병과를 선택했다. 밴플리트는 성적이 좋지 않은 탓도 있었으나, 그런 것에 관계없이 처음부터 보병병과를 선택했다. 육군의 핵심병과는 보병이라고 생각했기 때문이다. '전투 시 보병만이 적을 참호에서 쫓아내고, 적을 항복시키거나 죽일 수 있는 병과'라는 신념을 갖고 있었다. 1915년 6월 12일, 그는 육군소위 임관과 함께 공학학사를 받고 사관학교를 졸업했다.

1915년 졸업생들은 역대 미 육군사관학교 졸업생 중 가장 많은 장성을 배출한 기수로 유명하다. 졸업생 164명 중 59명이 장군이 됐고, 그 중 대통령 1명(아이젠하워)과 원수 2명(아이젠하워, 브래들리), 대장 3명(밴플리트, 클라크, 맥너리)을 배출했다. 이로써 1915년 졸업생들은 '별을 가장 많이 배출한 기수'로 통했다. 특히 그의 동기생들은 제1차, 제2차 세계대전에 대부분 참전했고, 그 중 밴플리트, 브래들리, 클라크(Mark Wayne Clark)는 한국전에도 참전했다. 이렇듯 그의 동기생들은 두 차례 세계대전에 참전하여 크게 활약했고, 한국전에도 참전해 전쟁을 주도했다. 한국전 당시 아이젠하워는 미국의 대통령이었고, 브래들리는 전쟁을 총지휘하는 합동참모의장이었으며, 클라크는 유엔군 사령관이었고, 밴플리트는 미 제8군사령관이었다. 그런 점에서 6.25전쟁은 미국 육군사관학교의 1915년 졸업생들이 주도하여 수행한 전쟁이라고 해도 과언이 아닐 것이다.

제1차 세계대전에 기관총 중대장으로 참전

밴플리트 소위는 1915년 9월 12일, 첫 부임지로 뉴욕의 플랫츠버그에 위치한 미 제3보병연대에 배치됐다. 그런 인연으로 제3보병연대는 1953년 3월 17일, 밴플리트의 전역식과 1992년 9월, 그의 장례식을 지원했다. 제3보병연대는 미국 독립전쟁 당시 창설된 부대로 역사와 전통에 빛나는 부대였다. 그곳에서 밴플리트 소위는 플랫츠버그의 민간인 지원병들을 대상으로 훈련을 실시했다. 일종의 기초 군사훈련이었다. 그러다 1916년 3월, 판초 빌라(Pancho Villa)가 이끄는 멕시코의 산적들이 미국 국경지대를 넘어와 민간인과 군인들을 살해하자, 미국 정부에서는 퍼싱(John J. Pershing) 준장을 지휘관으로 하는 토벌원정군을 편성하여 급파했고, 이때 제3보병연대도 퍼싱 장군의 원정군을 지원하기 위해 1916년 5월, 멕시코와 국경지역인 이글패스 기지(Camp Eagle Pass)로 이동했다. 그곳에서 밴플리트는 1916년 임시중위로 진급했고, 그 해 10월에는 큰딸 엘리자베스를 낳았다. 1917년에는 임시대위로 진급과 동시에 이글패스 기지의 기관총중대장에 임명됐다. 기관총중대의 임무는 자동사격으로 보병부대의 방어를 지원하는 것이었다.

1917년 4월 6일, 미국은 상하 양원의 선전포고 결의에 따라 제1차 세계대전에 참전하게 됐다. 밴플리트는 1917년 10월 10일, 캔자스 주에 위치한 레븐워쓰(Leavenworth)의 육군군사학교의 사관후보생 과정의 전술학 및 무기교관에 보직됐다. 그는 그곳에서 워커(Walton H. Walker) 장군과 친분을 쌓았다. 워커는 1950년 12월 23일, 미 제8군 사령관으로 재직 중 자동차 사고로 순직했다. 그 무렵 미국이 본격적으로 유럽전선에 대규모 부대를 파병하게 되자, 밴플리트는 유럽전선 파견을 지원했다. 1918년 4월 6일, 그는 미 제6사단 제16기관총대대의 기관총중대장으로 참전하게 됐다. 그가 소속된 미 제6사단은 1918년 7월 6일, 미국을 출발하여 영국을 거쳐 7월 23일, 긴 항해 끝에 프랑스에 도착했다. 전선으로 가는 도중인 7월 17일, 그는 임시소령으로 진급했고, 프랑스에 도착한 약 1개월 후인 8월 15일, 둘째 딸 뎀프시(Dempsey)를 낳았다.

1918년 9월 12일, 밴플리트 소령은 미 제6사단 제11여단 소속의 제17기관총대대장에 보직됐다. 프랑스에 도착하자마자, 소령진급과 동시에 중대장에서 대대장으로 임명된 것이다. 그때 나이 26세였다. 그만큼 그가 전투지휘관으로 인정을 받았다는 것이다. 밴플리트 대대장은 병사들과 함께 걸었고, 기관총 운반수레가 진흙탕에 빠지면 도와주는 등 지휘관으로서의 솔선수범을 보였다. 부하들은 그런 밴플리트의 리더십과 열정, 그리고 따뜻함을 좋아하며 존경했다. 제1차 세계대전에 참전한 미군은 전투를 하면서 전투를 배웠다. 전쟁터가 장교들의 전쟁학의 학습장이 된 것이다. 밴플리트는 전투에서 부상도 입었다. 그는 독일공군의 폭격으로 양쪽다리와 등에 파편이 박히는 부상을 입었으나, 간단한 치료만 받고 부대로 복귀했다. 제2차 세계대전 때도 그는 부상을 입었으나 간단한 치료만 받고 귀대했다. 1918년 11월 11일 11시, 제1차 세계대전이 종결됐다. 그때 밴플리트는 상이휘장과 2개의 은성무공훈장을 받았다. 야전지휘관으로 능력을 높이 평가받았다.

제1차 세계대전 후의 경력

제1차 세계대전이 끝나자, 밴플리트의 제6사단은 한동안 점령지 임무를 수행하다가 1919년 6월 14일, 미국으로 돌아왔다. 그때도 밴플리트 소령은 제17기관총대대장으로 근무했다. 1920년 가을, 그는 캔자스(Kansas) 주립대학 학군단 교관으로 보직됐으나, 4개월 밖에 근무하지 못했다. 왜냐하면 1921년, 사우스다코타(South Dakota) 주립대학 학군단으로 전출됐기 때문이다. 그는 사우스다코타 주립대학 학군단에 근무하고 있던 동기생 브래들리 대위의 후임으로 갔다. 이곳에서도 오래 근무하지 못했다. 1921년 봄, 그는 다시 플로리다 대학 학군단으로 전출됐다. 그곳에서 교관 겸 학군단 지휘관의 보직을 받았다. 그는 플로리다 대학의 미식축구팀 감독도 맡아 스포츠 지도자로서의 역할도 수행했다. 그는 미식축구팀을 훌륭한 팀으로 육성해 학교당국으로부터 좋은 평가를 받았다.

밴플리트는 미식축구 감독을 수행하면서 많은 것을 배웠다. 그는 "선수들로 하여금 자기가 맡은 일을 기꺼이 하도록 하면서, 적절한 훈련과 올바른 방향을 제시할 때만이 상대편을 이길 수 있다."는 것을 깨닫게 됐다. 여기에서 그는 평생의 신조로 삼았던 '필승의 신념'을 굳히게 됐다. 그는 미식축구에서 승리를 거두는데 가장 중요한 요인을 '감독의 굳은 의지'로 봤다. "의지가 강하면 그 의지에 의해 승리할 수 있다."고 생각했다. 미식축구를 통해 전쟁의 원리를 배웠다. 밴플리트가 보기에 미식축구는 전쟁의 원리와 비슷했다. 미식축구는 일정한 공간 속에서 상대편에 이기기 위해 포위, 돌파, 밀어붙이기, 기도비닉 등을 이용하는 경기이다. 전쟁에서도 적에게 이기기 위해 이런 방법들을 사용한다. 그는 미식축구를 통해 전쟁의 원리를 터득하고, 군사력을 어떻게 운용하는 것이 효율적인지 배웠다. 이러한 경험은 제2차 세계대전, 그리스에서의 공산 게릴라 토벌, 그리고 6.25전쟁 시 부대를 지휘할 때 많은 도움이 됐다.

이 무렵 밴플리트의 신상에 변동이 있었다. 그것은 제1차 세계대전 후 미군의 대대적인 병력감축과 관련이 있었다. 제1차 세계대전이 끝난 다음, 미국정부는 전쟁에 동원된 병력을 대폭 감축했다. 육군은 장교 1만 2,000명과 사병 12만 5,000명으로 축소됐다. 군대예산의 대폭 삭감으로 장교들의 계급을 한 계급씩 낮추게 됐다. 그 여파로 그는 1922년 7월 12일, 대위로 강등됐다. 그러나 가장 어려운 시기를 잘 견뎌냈다. 2년 후 다시 소령으로 올라갔다. 1925년, 밴플리트 소령은 파나마 운하를 경계하는 파나마 주둔 대대장에 보직됐다. 그곳에서 외아들(밴플리트 2세)을 낳았다. 파나마에서 대대장 임기를 마친 그는 1928년, 조지아(Georgia) 주 포트 베닝에 있는 육군보병학교 1년 과정의 고등군사반에 들어갔다. 그곳에서 6.25전쟁 시 맥아더 사령부의 정보참모부장을 역임한 윌로비(Charles Willoughby) 소령을 알게 됐다.

고등군사반 교육을 마친 밴플리트 소령은 미 지휘참모대학으로 가게 됐으나, 플로리다 학군단을 지원했다. 극히 이례적인 일이었다. 미 육군에서 고급장교로 진출하려면 반드시 거쳐야 되는 곳이 미 지휘참모대학이었다. 동기생 아이젠하워와 브래들리는 일찌감치 이곳을 나왔다. 그런데 밴플리트는 그것을 포기하고 플로리다대학 학군단으로 갔다. 이때 그의 학군단 선택은 진출에 많은 장애요소가 됐고, 이로 인해 노르망디 상륙작전 때 동기생들은 고급장성으로 연합군사령관과 군사령관으로 승진할 때, 그는 52세의 나이로 보병연대장에 머물러야 했다.

아무튼 밴플리트 소령은 플로리다대학 학군단에서 1929년부터 1933년까지 근무했다. 이 무렵 미국은 경제대공황으로 어려운 시기였다. 많은 실직자가 거리로 쏟아져 나왔다. 프랭클린 루스벨트(Franklin D. Roosevelt) 대통령은 실직자 구제를 위한 방편으로 국토개발단(Civilian Conservation Corps, CCC)을 설치하고, 육군으로 하여금 이를 통제하도록 했다. 국토개발단의 임무는 실직한 젊은 청년들에게 국립공원, 국립호수, 산림, 휴양지 개발로 일자리를 제공하고, 그들을 통제하는 것이었다. 국토개발단에서 일한 청년들이 31만 명에 달했다. 밴플리트 소령도 1933년 7월 국토개발단에 차출되어 2년 동안 근무했다. 이후 밴플리트는 캘리포니아(California) 샌디에이고(San Diego)에 있는 예비군 훈련교관에 보직됐다. 그때가 1935년 8월경이었다. 중국으로 전출해 가는 웨스트포인트 선배인 스틸웰(Joseph W. Stilwell, 제2차 세계대전 시 중국 장개석의 참모장 역임, 육군대장 전역) 중령의 후임이었다. 그의 임무는 샌디에이고 지역의 예비군지휘관들에 대한 훈련지도였다. 이때 미 육군은 정규군, 예비군, 주방위군(National Guard)을 효율적으로 통제하기 위해 미 본토를 4개의 야전군 지역으로 편성하고 훈련을 실시했다. 전쟁대비 차원의 조치였다.

1936년 10월, 밴플리트는 샌디에이고에서 중령으로 진급했다. 12년만의 진급이었다. 1939년 9월, 제2차 세계대전이 발발할 때까지 그는 샌디에이고에서 근무했다. 다음 보직은 포트베닝에 위치한 제29보병연대 제1대대장이었다. 제29보병연대는 시험연대로 육군 내 최고의 연대로 평가를 받고 있었다. 밴플리트 중령이 지휘하는 제1대대는 공격전술 및 기동훈련을 담당했다. 이때 그는 훈련성과를 높이기 위해서 전투원, 화기, 지형을 잘 통합해서 실시해야 된다는 것을 깨닫게 됐다.

이 무렵 유럽에서는 전쟁의 기운이 감돌고 있었다. 1939년 9월, 히틀러는 폴란드를 침공함으로써 제2차 세계대전을 촉발시켰다. 급기야 유럽은 전화에 휩싸이게 됐고, 미국도 이런 유럽의 전쟁 상황에서 자유로울 수 없었다. 1940년, 네덜란드와 덴마크에 이어 프랑스가 히틀러의 군대에 점령되자, 미국은 100만 명에 달하는 현역 소집병과 예비군을 동원하여 훈련을 시켰다. 만일의 사태에 대비하는 것이었다. 그의 부대도 소집된 병력에 대한 훈련을 맡게 됨으로써 바빠졌다. 그때 미 지휘참모대학에 입교하라는 명령이 다시 내려왔다. 그러나 그는 이번에도 가지 않았다.

밴플리트 중령은 1941년 6월 26일 포트베닝에서 대령으로 진급했다. 그로부터 2주 후 포트베닝에 있는 제4사단 제8보병연대장에 보직됐다. 플로리다의 밴플르티의 집 근처에는 인디언 토벌을 할 때의 제8연대 본부터가 있었다. 그래서 밴플리트는 제8연대와 인연이 있다고 생각했다. 아무튼 밴플리트는 49세의 나이에 대령진급과 함께 연대장이 됐다. 제8연대는 전통에 빛나는 부대로 인디언전쟁을 시작으로 멕시코전쟁, 남북전쟁, 미, 스페인전쟁, 필리핀 반란 진압, 제1차 세계대전에 참전했다. 그는 1944년 노르망디 상륙작전에 참전할 때까지 제8연대를 최강의 부대로 만들었다. 어떤 상황에서도 싸워 이길 수 있는 부대가 되도록 강도 있는 훈련을 실시했다. 1943년 늦가을, 제8연대는 해외파병을 준비하라는 지시를 받았다. 드디어 참전의 기회가 온 것이다.

노르망디 상륙작전에 연대장으로 참전해 장군 진급

밴플리트 대령이 지휘하는 제8보병연대가 소속된 미 제4보병사단은 유럽전선으로 가기 위해 1944년 1월, 뉴욕을 출발하여 영국의 리버풀에 도착했다. 그리고 노르망디 상륙작전을 위한 훈련에 들어갔다. 상륙선두부대로 제8연대가 선발됐다. 제8연대는 작전지역과 유사한 지형에서 실전과 같은 훈련을 실시했다. 함포사격을 포함한 화력지원 하에 제8연대는 상륙해변의 좌우측에서 기관총 사격을 실시하는 대항군에 맞서 상륙과 함께 적 벙커를 파괴하는 강도 높은 훈련을 실시했다. 훈련을 끝낸 제8연대는 5월 24일부로, 상급부대에 의해 비밀유지 차원에서 외부와의 연락을 차단했다. 노르망디 상륙작전일은 최초 1944년 6월 5일로 결정됐으나, 악천후로 6월 6일로 연기됐다. 제8연대는 6월 2일 수송선에 승선하여 작전지역인 노르망디의 유타해변(Utah Beach)으로 이동했다.

상륙작전에 참가하는 연대장 중 밴플리트 대령의 나이가 52세로 가장 많은 축에 속했다. 그때 웨스트포인트 동기생들은 장군으로 진급하여 모두 높은 직책에 있었다. 언젠가 밴플리트의 친형이 "네 친구인 아이젠하워는 4성 장군이고, 브래들리도 2성 장군인데, 너는 도대체 뭐 하고 있는 거냐?"며 핀잔을 준 적이 있다. 이때 밴플리트는 "나는 그런 것에 신경 쓰지 않는다. 그저 훈련에 열중할 뿐이다. 일류 부대를 만들기 위해서는 훈련이 가장 중요하다. 나는 그 자랑스러운 훈련을 맡고 있는 군인이다."며 아무렇지도 않게 말했다. 그는 "훌륭한 군인은 끊임없는 교육과 훈련을 거쳐야 하며, 그런 과정을 거쳐야 싸우면 반드시 이긴다는 필승의 신념을 지닌 군인으로 거듭날 수 있다."고 생각했다. 그런 연대장 밑에서 제8연대는 적과 싸워 이길 수 있는 강한 부대로 태어났다.

그럼에도 동기생에 비해 진급이 늦은 밴플리트의 입장은 편하지만 않았다. 노르망디 상륙작전 시 동기생 중 아이젠하워는 연합군최고사령관이었고, 브래들리는 군사령관이었다. 더구나 웨스트포인트의 2년 후배인 제7군단장 콜린스(J. Lawton Collins) 소장은 밴플리트의 직속 군단장이었다. 브래들리는 밴플리트의 군단을 통제하는 제

1군사령관이었다. 밴플리트와는 엄청난 계급과 직책상의 차이였다. 이때 밴플리트가 할 수 있는 일은 전투에 승리하는 것이었다.

밴플리트의 제8연대가 상륙하는 해안에는 독일 제7군이 방어하고 있었다. 해안지역에는 철조망, 지뢰, 포진지가 구축되어 있어 상륙작전이 쉽지 않다는 것을 암시했다. 제8연대는 이를 극복해야 했다. 노르망디 상륙작전을 총지휘하는 연합군최고사령관 아이젠하워 장군은 이때 상륙부대장병들에게 메시지를 보내 격려했다. 상륙부대 연대장 밴플리트 대령도 각 중대를 사열하면서 장병들에게 갖고 있는 능력의 110%를 발휘해 줄 것을 당부하면서, "자신이 없는 병사들이나 기대만큼 임무를 수행할 자신이 없는 병사들은 제외시켜 줄 테니 나오라."라고 말했다. 그러나 단 한 명의 병사도 나오지 않았다. 그만큼 밴플리트가 지휘하는 제8연대의 사기는 높았다.

1944년 6월 6일 6시 30분, 제8연대는 드디어 노르망디의 유타해변으로 상륙작전을 감행했다. 제8연대의 공격 제1대에는 시어도어 루스벨트(Theodore Roosevelt) 대통령의 아들이자 예비역 준장 출신의 루스벨트 2세가 상륙작전에 참가하는 제4사단 고문자격으로 동행했다. 미군 수뇌부에서는 위험하기 짝이 없는 공격 제1대에 전직 대통령의 아들이 참가하는 것을 극구 반대했으나, 루스벨트 2세는 그것을 뿌리치고 공격 제1대에 합류하여 역사적인 노르망디 상륙작전을 직접 참관했다. 그때 루스벨트 2세의 나이 57세였다. 무사히 유타해변에 상륙한 제8연대는 강풍과 거친 파도로 온 몸이 얼어붙는 듯 했지만, 그런 것에 구애받지 않고 해변가에 설치된 독일군 벙커들을 하나씩 제거하며 진격했다. 내륙으로 진격할수록 독일군의 저항은 거세졌다. 제8연대는 이를 극복하며 나아갔다. 그 과정에서 루스벨트 2세 장군은 선두부대 사이를 뛰어다니며 장병들을 격려했다. 밴플리트 연대장은 루스벨트 2세 장군에게 휴식을 하도록 권유했으나 그는 계속해서 작전지역을 뛰어다녔다. 이로 인해 루스벨트 2세는 쉘부르(Cherbourg)를 점령한 직후, 과로로 숨졌다.

노르망디 상륙작전과 내륙으로 진출하는 과정에서 제8연대는 밴플리트 연대장의 뛰어난 리더십으로 많은 전과를 올렸다. 그는 연대의 최종목표인 쉘부르를 점령하는데 전력을 다했다. 이때(6월 7일 정오) 미 제7군단장 콜린스 장군이 밴플리트의 연대지휘소를 방문하고 리지웨이(Matthew B. Ridgway) 소장이 지휘하는 미 제82공정사단 지휘소의 위치를 물었다. 밴플리트의 안내로 리지웨이 장군의 지휘소로 온 콜린스 군단장은 두 사람에게, '독일군에 대한 협조된 공격을 실시할 것'을 지시했다. 밴플리트는 이 전투과정에서 리지웨이 장군이 공격 초기에 다소 소극적이었다며 비판했다. 제8연대의 최종목표인 쉘부르는 연합군이 군수품을 지원받기 위해서는 반드시 확보해야 될 중요한 항구였다. 히틀러도 "어떤 대가를 치르더라도 반드시 쉘부르를 사수해야 된다."며 맞서고 있었다. 연합군과 독일군이 쉘부르를 놓고 치열한 격전을 벌일 수밖에 없는 상황이 됐다. 그 중심에 밴플리트가 지휘하는 제8연대가 있었다.

밴플리트는 연대장으로서 전장의 이곳저곳을 누비며 지휘했다. 그는 부하들에게 승리에 대한 확신을 심어주는 것을 잊지 않았다. 이것은 미식축구 감독시절 체득한 경험에서 나왔다. 전투 중 밴플리트는 부상을 입었다. 그러나 그는 부대지휘를 위해 간단한 치료만 받고, 군의관의 만류에도 불구하고 다시 부대로 복귀했다. 책임감이 강한 밴플리트다운 행동이었다. 이때 연대지휘소를 방문한 동기생이자 제1군사령관인 브래들리 장군이 밴플리트에게, '나는 자네에게 훈장을 수여하러 왔지만, 아무래도 군법에 회부해야겠네. 자넨 무단이탈을 했어. 명령 없이 병원을 떠났단 말일세!'라고 말했다. 이에 밴플리트는 어깨를 으쓱하면서 부대로 돌아와 기분이 좋다고 했다. 브래들리도 웃으면서 가지고 온 훈장을 밴플리트에게 수여했다.

밴플리트 대령은 선두에 서서 지휘하기를 좋아했다. 이런 적극적이고 솔선수범하는 지휘는 노르망디 해안선에서 독일군을 격퇴하는 데 여러모로 도움이 됐다. 그는 침착한 리더십으로 극한상황 하에서도 전열을 유지해가며 전투를 승리로 이끌었다. 또 전장에서는 자신의 안전을 돌보지 않고, 최전선 부대들을 방문하여 병사들에게 전투혼을 심어주며, 승리할 수 있도록 용기를 불어 넣어 주었다. 그가 무공훈장을 받게 된 까닭이다. 브래들리도 이것을 인정했다. 브래들리는 노르망디에서 하루에 훈장 세 개를 탈 정도로 그의 공로가 많았다고 했다. 제8연대는 밴플리트의 지휘 하에 노르망디 상륙작전에서 연합군의 최선두부대로서 역할을 훌륭히 수행했다.

독일군은 셸부르를 결코 포기하려고 하지 않았다. 반면 연합군은 상륙한 부대들의 군수지원을 위해 셸부르의 확보가 시급했다. 제7군단장 콜린스 장군은 셸부르의 확보가 '미군의 주요 임무'라며 독려했다. 히틀러는 셸부르가 연합군에게 얼마나 중요한 것인지를 인식하고 있었기 때문에, 그곳을 끝까지 방어하되, 최악의 상황에서는 연합군이 사용할 수 없도록 철저히 파괴하라고 명령했다. 미 제7군단은 셸부르에 대한 직접적인 공격을 6월 22일에 개시했다. 연합군은 항공기에 의한 대공세에 이어 지상군을 투입했다. 밴플리트의 제8연대도 이 작전에 참가하여 6월 27일, 미 제7군단이 셸부르를 점령하는데 기여했다. 이때 노르망디 상륙작전 이후 제8연대와 함께 행동을 같이했던 루스벨트 2세 장군이 사망했다. 밴플리트의 건의에 의해 루스벨트 2세 장군에게 훈장이 수여됐다. 셸부르 점령과정에서 제8연대의 희생도 컸다. 제1대대장 시몬스(Simmons) 중령을 포함해 많은 부하들이 전사했다. 밴플리트 대령은 전사자들의 가족들에게 직접 애도의 편지를 쓰며 가슴 아파했다. 노르망디 상륙작전은 군인 밴플리트에게 획기적인 전환점이 됐다. 미군 수뇌부가 그의 전투지휘능력을 인정하게 됐다. 그는 1944년 8월 1일, 드디어 육군준장으로 진급했다.

연대장에서 군단장까지 8개월만의 초고속 승진

밴플리트는 1944년 6월, 노르망디 상륙작전에 참가한 이후 2개월도 못되어서 육군 준장으로 진급했다. 동시에 미 제2사단 부사단장에 보직됐다. 동기생에 비해 늦은 장군진급이었다. 동기생들은 밴플리트가 장군이 되기 3년 전에 이미 장군이 됐다. 그들 동기생들은 밴플리트의 직속 군사령관과 최고사령관으로 있었다. 후배들도 자신의 직속상관인 사단장과 군단장이었다.

밴플리트도 제2차 세계대전 이후 장군 진급 기회가 있었다. 1942년과 1943년, 두 번이나 장군진급 명단에 올라갔으나 번번이 탈락됐다. 나중에 확인된 바로는 인사권을 가진 미 육군참모총장 마셜 (George C. Marshall) 장군이 탈락시켰다. 마셜 장군이 밴플리트를 탈락시킨 이유는 이름이 비슷한 알코올 중독자와 혼돈해서라고 한다. 미지상군사령관 맥네어(Leslie McNair) 중장도 밴플리트를 알코올 중독자로 알고 있었다. 노르망디 상륙작전 이후 브래들리의 군사령부를 방문한 맥네어 장군이, 장교 중 누가 가장 뛰어난지를 물었다. 이때 브래들리가 "밴플리트가 가장 뛰어나다."고 말하자 맥네어 장군은 "그가 알코올 중독자라니 안타까워, 안 그런가?"라고 응대했다. 이에 브래들리가 "세상에! 장군님이 뭔가 잘못 알고 있습니다. 밴플리트는 술을 못합니다."라고 했다. 이 말에 맥네어 장군이 "뭐라고!" 하면서 그 말을 믿으려 하지 않았다. 브래들리는 맥네어 장군에게, "밴플리트는 장군님이 생각하는 그런 사람이 아닙니다."라고 설명했다. 이후 맥네어 장군과 마셜 장군의 밴플리트에 대한 오해가 풀리면서 그는 승승장구하게 됐다. 때마침 밴플리트도 노르망디 상륙작전을 성공시킴으로써 군 수뇌부의 주목을 받고 있을 때였다.

밴플리트 준장이 부사단장으로 가게 된 제2사단은 미 제8군단에 소속됐다. 부사단장 밴플리트는 브레스트 항구 점령을 위한 특수임무부대를 지휘했다. 브레스트 항구는 쉘부르와 함께 연합군의 중요한 군수물자 보급기지였다. 연합군이 반드시 확보해야 했다. 노르망디 상륙작전 이후 연합군이 유럽내륙으로 진출하면서 막대한 양의 군수물자가 필요했다. 군수물자가 들어올 항구가 필요했다. 그곳이 바로 브레스트 항구였다. 밴플리트가 지휘하는 제2사단 특수임무부대를 비롯한 연합군은 1944년 9월 19일, 드디어 브레스트 항을 점령했다. 이때도 밴플리트의 활약이 컸다. 그로부터 보름 후인 10월 초, 마셜 육군참모총장이 제2사단을 방문하여 밴플리트 장군에게 "자네는 곧 사단장으로 보직될 걸세."라고 귀띔했다. 그로부터 얼마 뒤인 10월 7일, 브래들리 장군이 밴플리트 장군을 미 제90사단장에 임명했다. 미 제90사단은 노르망디 상륙작전 때부터 지휘관의 리더십 부족으로 제대로 임무를 수행하지 못한 부대로 낙인이 찍혀 있었다. 브래들리 장군은 밴플리트 준장에게 "자네가 제90사단 지휘권을 인수하여 본궤도에 올려놓게."라고 주문했다. 장군 진급 후 부사단장에서 2개월 만에 다시 사단장이 됐다.

1944년 10월 7일, 밴플리트 준장은 로레인에서 제90사단장에 취임했다. 밴플리트가 지휘하는 제90사단은 모젤(Mosel)에서 독일군 방어선의 주요 요새인 메츠(Metz) 점령에 투입됐다. 제90사단은 워커(Walton H. Walker) 소장이 지휘하는 제20군단과 패튼(George S. Patton) 중장이 지휘하는 제3군의 지휘를 받았다. 워커 장군은 6.25전쟁이 발발했을 때 한국전선에 투입된 첫 미 제8군사령관이었고, 밴플리트는 3번째 사령관을 역임했다. 패튼 장군은 미국이 자랑하는 제2차 세계대전의 영웅이었다. 워커 제20군단장은 밴플리트가 지휘하는 제90사단에게 메츠 공격의 주공임무를 맡겼다. 밴플리트는 치밀한 작전계획을 수립한 후 공격에 필요한 장비와 물자를 지원하고, 장병들에게 사단이 수행해야 될 임무를 숙지시켰다. 그리고 밴플리트 사단장은 부하들을 방문하여 필승의 신념을 불어 넣어주며 그들을 격려했다.

밴플리트가 지휘하는 제90사단의 최대 장애물은 모젤강 도하작전이었다. 제90사단은 지휘관의 뛰어난 리더십과 초인적인 전투력 그리고 드높은 전우애와 단결심으로 이를 극복했다. 사단의 최종 목표인 메츠는 독일군이 굳게 방어하고 있었다. 메츠 공략은 쉽지 않았다. 설상가상으로 계속되는 빗속에서 작전을 수행해야 되는 밴플리트 사단의 고충은 이만저만이 아니었다. 전쟁터는 진흙탕으로 변했고, 장병들은 참호 속에 비를 맞으며 전투를 해야 했다. 밴플리트는 전투현장을 누비며 교전 중인 장병들을 격려했다. 모든 것이 어렵게 돌아가고 있었다. 하지만 사단 장병들은 빗발치는 적의 총탄에도 불구하고 공격을 감행했다. 사단장을 중심으로 혼연일체가 되어 서로 믿고 싸웠다. 사단 장병들은 자신과 전우의 능력 그리고 지휘관의 리더십을 전적으로 신뢰하며 싸우고 또 싸웠다. 병사들은 전우가 죽어도 물러서지 않고 앞으로 나아가 적을 무너뜨리는 투혼을 발휘했다. 이러한 투혼에 독일군도 더 이상 저항하지 못하고 항복했다. 1944년 11월 22일, 메츠를 완전 점령했다. 밴플리트가 지휘하는 제90사단은 부여받은 임무를 성공적으로 완수했다. 이로써 제90사단은 독일군의 제1방어선을 돌파하는데 크게 기여했다. 제3군사령관 패튼 장군은 밴플리트 사단장에게 "모젤강변 교두보의 성공적인 확보는 역사상 가장 영웅적인 도하작전의 하나로 평가될 것이다. 이러한 놀라운 위업을 달성한 귀하의 용맹스러운 사단 전 장병들에게 나의 이러한 격려의 말을 전해 주시오."라는 메시지를 보냈다.

메츠 공략작전의 성공에 힘입어 밴플리트 준장은 1944년 11월 15일, 소장으로 진급했다. 4개월 만에 대령에서 준장을 거쳐 소장으로 진급했으니 초고속 승진이 아닐 수 없다. 밴플리트 소장이 지휘하는 제90사단은 전투를 통해 막강사단으로 변모해 갔다. 밴플리트의 지휘와 리더십은 "부적당한 지휘관은 있을지 몰라도 불량한 부대는 없다."라는 말을 실감나게 했다. 제90사단은 독일본토로 향하는 연합군 진격부대의 핵심부대로 활약했다. 그 과정에서 제90사단은 히틀러의 최후 공세라 할 수 있는 벌지전투(Bulge battle)를 치렀다. 벌지전투에서 밴플리트가 지휘하는 제90사단은 패튼 군사령관의 신임을 얻어 선봉에 서게 됐다. 또 다시 어려운 임무를 맡았다. 패튼 군사령관은 밴플리트 사단장을 보며 "제90사단이 이 작전의 선봉에 서서 적진을 돌파하여 북쪽의 부대와 합류하게. 귀하는 단 한 번도 나를 실망시킨 적이 없네. 나는 귀하가 이를 해낼 거라 믿네."라며 밴플리트의 등을 토닥거렸다. 패튼 장군 특유의 신뢰 표시였다. 이 전투에서 밴플리트와 제90사단은 또 다시 진가를 발휘하며 패튼 장군을 실망시키지 않았다. 독일군 2만 5,000명을 포로로 잡고 그 이상의 독일군을 사살하는 전과를 올렸다. 전쟁 초기 전투력에서 꼴찌를 면하지 못하던 제90사단이 미군에서 가장 신뢰받는 부대가 됐다. 벌지전투가 끝난 1945년 2월 초, 제3군사령관 패튼 장군은 밴플리트를 호출했다. 그 자리에서 패튼은 그에게 영국 주둔 제23군단장에 임명될 것이라고 알려줬다.

밴플리트 소장은 1945년 2월 7일, 영국 주둔 제23군단장에 보직됐다. 예하부대로는 10개의 포병단, 1개 기병단, 15개의 방공포병단, 3개의 의무단, 9개의 병기대대, 2개의 통신대대, 그리고 기타 부대들이 구성됐다. 군단의 임무는 후방에서 전선에서 전투하는 부대를 지원하는 것이었다. 이런 지원임무는 밴플리트에게 맞지 않았다. 밴플리트는 전투지휘관을 하고 싶었다. 그 꿈은 빨리 이뤄졌다. 제23군단장이 된지 1개월 후인 1945년 3월 중순, 제12집단군사령관 브래들리 장군이 밴플리트를 제3군단장에 임명했다. 브래들리는 전쟁초기 제1군사령관에서 연합군이 증편되면서 제12집단군사령관에 임명됐다. 아이젠하워 연합군최고사령관 밑에는 두 개의 집단군사령부가 있었는데, 하나는 브래들리의 제12집단군사령부였고, 다른 하나는 영국의 몽고메리(Bernard Montgomery) 원수가 지휘하는 제21집단군사령부였다.

밴플리트가 1945년 3월 7일, 제3군단장에 부임할 당시 전선은 독일의 관문인 라인강 도하를 앞두고 있었다. 누가 최초로 라인강을 도하할 영광을 갖게 되느냐가 초미의 관심사였다. 군사령관으로부터 군단장, 사단장, 연대장 그리고 말단 소총중대장에 이르기까지 모두 라인강을 최초로 도하하는 영광을 누리고 싶어 했다. 그 영광은 밴플리트의 제3군단이 속한 제1군에 부여됐다. 밴플리트가 지휘하는 제3군단은 제9보병사단, 제99보병사단, 제7기갑사단 그리고 공격을 지원하는 포병부대, 대전차부대, 공병부대로 편성됐다. 제1군사령부는 라인강 도하의 선봉부대로 밴플리트가 지휘하는 제3군단을 지정했다. 밴플리트의 제3군단은 라인강 너머로 신속히 진격해 들어갔다. 1945년 3월 26일, 아이젠하워 최고사령관이 브래들리 제12집단군사령관과 하지스(Courtney H. Hodges) 제1군사령관을 대동하고 밴플리트의 군단지휘소를 방문했다. 아이젠하워 장군은 제3군단의 놀라운 전과와 오랜 친구인 밴플리트의 뛰어난 리더십을 치하했다. 독일 내륙으로 진격하는 제3군단의 공격속도는 빨랐다. 1945년 4월 15일, 밴플리트의 군단은 루르(Ruhr)를 점령했다. 이곳에서

10만 명에 달하는 독일군을 포로로 잡았다. 밴플리트의 제3군단은 유럽전선에서 연합군이 승리하는데 견인차 역할을 했다. 독일군은 드디어 연합군에게 항복을 했다. 전쟁이 종결되었을 때, 제3군단은 22만 6,000명의 전쟁포로들을 잡았고, 26개 사단과 협조된 공격작전을 수행했다. 전쟁이 종료되자 군사령관 패튼 장군은 밴플리트 군단장을 대동하고 2,000여 명의 미군 전사자들이 잠든 공동묘지로 가서 추도식에 참석했다.

유럽전선에서 전쟁이 종결되자 밴플리트의 제3군단은 맥아더 원수가 지휘하는 태평양전선으로 가려 했으나, 원자폭탄의 투하로 일본이 조기 항복함에 따라 실현되지 못했다. 그 후 밴플리트는 뉴욕에 위치한 제2지원사령부 사령관에 임명됐다. 그때가 1946년 2월 하순경이었다. 제2지원사령부는 워싱턴에 위치한 육군지원사령부의 예하부대로 뉴욕 주, 뉴저지 주, 델라웨어 주의 주방위군(州防衛軍)과 예비군, 그리고 학군단에 대한 감독임무를 수행하는 육군사령부였다. 밴플리트는 이곳에서 전시 800만 명을 자랑하던 미 육군이 1946년 190만 명으로 축소되는 것을 지켜봤다. 전쟁이 종결됨에 대규모 동원해제가 실시됐다. 이에 따라 1946년 6월 7일, 미 본토에 있던 육군부대도 재편됐다. 미 대륙을 6개 군으로 분할했는데, 이때 밴플리트는 동북지역을 담당하는 미 제1군사령부의 부사령관에 임명됐다. 그럼에도 밴플리트는 제2군사령부가 맡은 임무를 그대로 계속 수행했다. 1947년에는 뉴욕 주, 뉴저지 주, 델라웨어 주를 관장하는 관구사령관에 임명됐다.

냉전체제가 시작되면서 미국의 대외정책도 대소봉쇄정책으로 전환됐다. 제2차 세계대전시 어깨를 나란히 하고 싸웠던 연합국 일원인 소련의 공산주의 팽창정책에 미국이 대소봉쇄정책(對蘇封鎖政策)으로 맞서게 되면서 냉전(Cold War)이 시작됐다. 미국은 그리스와 터키에 대한 군사원조를 위해 트루먼 독트린(Truman Doctrine)을 발표했고, 서유럽국가의 전후복구를 지원하기 위해 마셜플랜(Marshall Plan)을 발표했다. 1947년 3월과 6월의 일이다. 이러한 미국의 대외정책 변화기류에 따라 밴플리트 장군도 유럽으로 전출됐다. 1947년 12월, 밴플리트는 미 유럽군사령부의 작전, 계획, 편성, 훈련참모부장으로 보직됐다. 미 유럽군사령부는 주로 독일점령임무를 수행했다. 이 참모직위는 밴플리트의 군대 경력 중 유일한 참모 직위였다. 군사령관은 클레이(Lucius Clay) 미 육군대장이었다.

그리스 군사고문단장 임명과 그리스의 내전 상황

밴플리트 장군이 미 유럽군사령부에서 참모직책을 수행하려고 할 때 워싱턴으로부터 육군참모총장의 호출이 있었다. 보직 변경을 위한 면담이었다. 당시 육군참모총장은 웨스트포인트 동기생인 아이젠하워(Dwight D. Eisenhower) 원수였다. 밴플리트가 급히 워싱턴의 육군참모총장실을 방문하자, 아이젠하워 육군총장은 "우리가 자네를 이곳에 오도록 전보를 보냈지만, 자네를 만나고 싶은 사람은 마셜 장군일세."라고 말했다. 마셜 장군은 6년간의 육군참모총장을 역임하고, 그때는 미국 대외정책을 총괄하는 국무장관으로 있었다. 마셜 장관은 밴플리트에게 "그리스의 공산주의자들을 물리치는데, 자네를 적임자로 선택했네."라며 웃으며 말했다. 1948년 2월 10일의 일이다. 마셜 장관이 밴플리트에게 들려준 그리스 군사고문단장의 발탁 배경은 다음과 같았다.

최근 마셜 국무장관은 엘리자베스(Elizabeth, 현 영국 엘리자베스 여왕) 영국 공주와 그리스의 필립(Philipe) 왕자의 결혼식에 미국정부의 대표로 참석했다. 그곳에서 마셜 국무장관은 그리스의 프레데리카(Frederika) 여왕으로부터 "그리스 군인들이 공산주의 반군(叛軍)과 잘 싸울 수 있도록 그리스 군을 훈련시킬 수 있는 전투경험이 풍부한 장군을 보내 달라."는 요청을 받았다. 귀국 후 마셜 국무장관은 이를 트루먼 대통령에게 보고했고, 전투경험이 풍부한 밴플리트 육군 소장을 적임자로 보고했다. 마셜 장관은 노르망디 상륙작전부터 독일군이 항복할 때까지 전투지휘관으로서 밴플리트의 탁월한 능력을 눈여겨보고 있었다. 마셜과의 면담과정에서 밴플리트는 "그리스인들이 필승의 신념을 가지고 있다면, 반드시 승리할 수 있을 것이다. 이를 위해서는 훈련이 필요하다."고 말했다. 이는 마셜의 생각과 같았다. 이것이 바로 마셜 국무장관이 밴플리트를 그리스 군사고문단장으로 선택했던 결정적 이유였다.

밴플리트는 그리스의 미 군사고문단장으로 임명되면서 곧장 육군중장으로 진급했다. 마셜 국무장관의 밴플리트에 대한 깊은 배려였다. 밴플리트는 육군대령에서 4년 만에 육군중장으로 진급하는 신기록을 수립했다. 쾌속의 승진이었다. 그만큼 역량과 무게감을 갖춘 장군으로서 자질을 지니고 있다고 인정받은 것이다. 밴플리트 중장은 1948년 2월 24일, 부임지인 그리스의 아테네에 도착했다. 그리스에는 트루먼 독트린의 일환으로 미 육군 그리스 군사지원단이 이미 설치되어 운영되고 있었다. 이들의 임무는 그리스 육군에 필요한 장비구매와 이것의 운용 및 유지방법에 대한 자문이었다. 하지만 밴플리트의 임무는 그리스 군을 훈련시켜 공산반군을 물리치는 것으로 확대됐다. 밴플리트는 그에게 주어진 막중한 임무를 느꼈다. 트루먼 독트린의 성패가 밴플리트의 어깨에 달려 있었다.

당시 그리스 군은 14만 6,000명의 현역으로 구성되었는데, 육군이 주력을 이루고 있었고, 소규모 공군과 해군, 그리고 약 5만 명의 민방위대가 있었다. 이에 반해 그리스의 공산반군은 2만 명 이상으로 집계됐고, 여기에 추가하여 유고슬라비아, 불가리아, 알바니아에 약 8,000~1만 5,000명의 공산반군세력이 훈련을 받고 있는 것으로 알려졌다. 이외에도 5만 명의 국내 동조세력이 공산반군에게 첩보제공과 기타지원을 하고 있는 것으로 파악됐다. 그리스 공산반군은 교량과 철로 및 시설들을 폭파하고, 도로를 두절시키고, 관공서와 병원 및 학교를 방화하고, 공공시설 및 대중교통을 파괴함으로써 정부의 기능을 마비시키고자 했다. 또한 그들은 정부 관리와 정부를 지지하는 사람들에 대한 잔인한 테러행위를 자행함으로써 주민들을 공포로 몰아넣었다. 이는 그리스 공산당의 통치를 받아들이는 것 외에는 다른 대안이 없다는 것을 보여주려는 공산주의자들의 얄팍한 술책이었다.

그런 상황에서 밴플리트가 이뤄야 할 목표는 둘이었다. 하나는 잘 훈련되고 정치성이 강한 그리스의 공산반군을 물리쳐 그리스를 안정시키는 것과, 다른 하나는 이에 앞서 공산반군을 효과적으로 진압

할 수 있도록 그리스 군 지휘관들의 리더십을 강화하고 강도 있는 훈련을 통해 그리스 군을 정예강군으로 육성시키는 것이었다. 밴플리트의 부임으로 그리스지원단은 미 합동군사고문계획단(이하 미 군사고문단으로 약칭)으로 확대됐다. 미 군사고문단에는 군수지원을 포함하여 작전지원임무가 추가됐다. 미 군사고문단은 초기에 장교 99명과 사병 80명으로 편성되어, 그리스 육군의 사단사령부와 해군 및 공군에까지 배치됐다. 이후 미 군사고문단은 400명으로 증원되어 육군에 182명이 배치되고, 그리스 해군과 공군에도 미 해군 및 공군장교가 고문관으로 나가 그리스 군의 훈련을 담당했다. 그렇지만 그리스 군에 대한 지휘권은 그리스 군이 갖고 있었다. 미 군사고문단은 조언을 하되 지휘를 하지 않는다는 원칙하에 그리스 군을 지원했다.

밴플리트에 대한 그리스 정부의 신임은 절대적이었다. 그리스 여왕은 물론이고, 소포클리우스(Themistocles Sophoclius) 수상은 밴플리트가 하는 일을 적극 지원했다. 그리스의 프레데리카 여왕은 영국 빅토리아 여왕의 손녀이자 독일황제 빌헬름 2세의 증손녀로 국제정세와 정치에 정통했고, 그리스 육군이 직면하고 있는 문제를 이해할 정도로 군사적 식견도 뛰어났다. 그리스 여왕과 수상은 어려운 문제가 있으면 언제든지 와서 이야기하라고 할 정도로 밴플리트 장군을 신뢰했다. 여기에는 마셜 국무장관이 여왕에게 보낸 친서도 크게 작용했다. 마셜 장관은 여왕에게 보낸 친서에서, "밴플리트 장군은 제2차 세계대전 시 누구보다 적극적이고 강력한 추진력을 소유한 군단장으로 그의 전공은 연대장으로서 노르망디 상륙작전이 개시된 순간부터 전쟁종료 전 독일본토 공격에 이르기까지 경이적이었습니다. 그럼에도 불구하고 그는 겸손하고 내향적인 편입니다. 본인은 그가 게릴라들을 소탕하는데 도움을 줄 것으로 확신합니다."라며 극찬했다.

밴플리트는 야전으로 나가서 그리스 병사들과 대화하고, 최전선에서 전투를 수행하고 있는 지휘관들을 만났다. 당시 그리스 군은 소극적인 작전을 펼치고 있었고, 훈련도 전혀 되어 있지 않았다. 거기다가 많은 장교들은 신체적으로나 능력 면에서 자격미달이었고, 리더십도 부족했다. 그런 탓으로 전장의 주도권은 그리스 군이 아닌 공산 게릴라들이 장악하고 있었다. 밴플리트는 이를 타개하기 위해 자신을 도와줄 유능한 장군이 필요했다. 밴플리트는 오랜 친구이자 제2차 세계대전 당시 유럽에서 군단장을 역임했던 젠킨스(Reuben Jenkins) 소장을 군사고문단 부단장으로 요청해 승인을 받았다. 젠킨스의 도움을 받아 작전계획을 수립하고 그리스 군에게 자신감을 심어주기 위한 소규모 공세작전을 실시했다. 이는 그리스 군의 무력

감을 제거하고 별도의 지침 없이도 임무를 수행할 수 있도록 그리스
군을 육성하기 위함이었다.

　밴플리트는 서두르지 않고 하나씩 해결해 나갔다. 이를 위해 밴플
리트는 그리스 지형에 대한 분석을 실시하여 작전계획을 수립했다.
나아가 작전수행 도중 무능함을 보인 그리스 군 지휘관들을 과감히
교체했다. 공산 게릴라 토벌작전에 공군도 동참시켰다. 입체 합동작
전이었다. 공산반군이 발견된 산악지역에 공중공격을 함으로써 그
들의 행동을 제한했다. 특히 알바니아를 비롯한 공산반군과의 연결
루트가 되는 국경지역도 차단했다. 외부와 연결된 보급루트에 대한
철저한 차단이었다. 그리고 그리스 군에 대한 실전적인 교훈훈련을
전반적으로 실시했다. 훈련은 각개병사의 개인화기 사격술에서부
터 분대화기, 소대 직전지원화기 순으로 실시했다. 사격교육이 끝나
면 개인정찰부터 사격과 기동에 이르는 기본전술훈련을 실시했다.
이어 소부대훈련을 실시해 전투에 자신감을 갖도록 했다.

미 군사고문단장으로서 그리스 공산화를 막다

밴플리트의 체계적인 훈련과 효과적인 대응으로 그리스의 상황이

점차 달라졌다. 공산반군이 수세로 몰리는 형국이었다. 이때 공산반군은 밴플리트를 제거하기 위해 암살을 기도했다. 1949년 2월, 그리스 내무부소속 보안요원들이 공산반군 게릴라들을 체포했는데, 그들은 밴플리트를 암살하기 위해 아테네에 잠입한 18명의 암살단원 중 일부라고 실토했다. 공산 게릴라들에게 밴플리트의 존재는 그만큼 위협적이었다.

밴플리트는 공산 게릴라들을 효율적으로 소탕하기 위해서는 그리스 총사령관을 교체해야 된다고 건의했다. 그는 유약한 이아치스 총사령관 대신 그리스 국민들의 신망을 얻고 있는 파파고스(Alexsander Papagos) 원수로 교체할 필요가 있다고 판단했다. 아무리 그리스 군을 훈련시키고 훌륭한 작전계획을 수립해도, 이를 지휘할 총사령관이 소탕작전을 제대로 수행하지 못하면, 모든 것이 헛수고가 될 수밖에 없었다. 밴플리트는 이 점을 염려했고, 그리스정부도 이를 알고 있었다. 1949년 2월 25일, 밴플리트의 뜻대로 파파고스 장군이 그리스총사령관에 임명됐다.

파파고스 장군은 취임일성으로 "비겁한 자와 나태한 자에 대해서는 단호하게 조치하겠다. 또 명령을 어기고 거점을 포기하는 병사들과 이런 행동을 용인하는 지휘관에 대해서도 강력히 응징할 것이다."라며 분위기를 쇄신했다. 밴플리트가 바라던 답이었다.

이때부터 밴플리트와 파파고스 장군은 의기투합해 공산반군에 대한 본격적인 토벌작전에 나섰다. 밴플리트는 공산반군을 토벌하는 데 있어 세 가지 방침을 내세웠다. 첫째는 과감한 행동이고, 둘째는 적 유생역량의 격멸이며, 셋째는 부대의 전투력은 곧 장병들의 군인정신과 전투의지에 달려 있다고 본 것이다.

밴플리트는 작전간 능력 있는 젊은 장교들을 상위계급으로 과감히 진출시켰다. 인재발굴에 적극적이었다. 그것이 지휘관의 가장 중요한 임무라고 생각했다. 또 그리스 군의 취약요소인 야간정찰 활동에도 관심을 갖고, 이의 수준향상을 위해 노력했다. 정보수집 창구의 단일화를 위해 중앙정보기관도 설립했다. 미 군사고문단도 확대했다. 그리스 공산반군과의 전투가 절정에 달한 1949년 8월 31일, 미 군사고문단은 장교 176명, 사병 215명, 그리고 민간인 37명 등 428명에 달했다. 밴플리트는 공산반군을 토벌할 수 있는 모든 준비와 조건을 갖추었다.

그리스 군은 밴플리트에게 훈련 받은 대로 적의 저항거점을 고립시키고, 퇴로를 차단했다. 훈련이 가장 잘된 부대들이 적 후방으로 침투해 퇴로를 차단했다. 각 부대 간 간격은 하룻밤에 이동할 정도의 거리를 두고 작전을 실시했다. 작전 간 그리스 군은 각각 중앙을 향해 협조된 포위공격을 실시했다. 적의 거점 주변에는 다중의 포위

망을 형성함으로써 반군들이 빠져나가지 못하도록 봉쇄망을 펼쳤다. 그런 가운데 토벌의 주안점은 지형확보가 아니라 공산 반군들을 색출하여 섬멸하는데 두었다. 이를 위해 밴플리트는 주민들의 협조를 얻었고, 산악지역의 적의 견고한 방어진지를 파괴하는데 필요한 대구경 화포와 항공기를 지원했다. 적의 견고한 방어거점은 대구경 화포로 파괴하고, 공중에서는 적의 이동을 탐지하여 지상군에게 알려줬다. 밴플리트는 한국에서 지리산의 공비들을 소탕할 때도 이러한 방법을 사용했다.

이 무렵 밴플리트의 외아들이 미 육군사관학교를 졸업하고, 보병장교 대신 공군조종사가 되어 그리스로 전출해 왔다. 아버지를 돕겠다는 아들의 기특한 선택이었다. 공군조종사로 온 아들의 출현은 그리스에서 가족과 떨어져 생활하고 있는 밴플리트에게 많은 힘이 됐다.

그리스에서 공산세력의 척결은 미국의 대소(對蘇) 봉쇄정책의 중요한 시험대였다. 미국 대외정책의 근간이 되는 트루먼 독트린과 마셜플랜의 성공여부는 밴플리트의 그리스 공산반군 토벌작전의 성패에 달려 있었다. 밴플리트의 입장에서 공산반군에 대한 토벌작전은 군인으로서 뿐만 아니라 미국의 국익을 위해서도 반드시 성공시켜야 될 작전이었다. 그의 치밀한 공격에 그리스 공산반군도 더 이상 지탱하지 못하고, 국경지대를 벗어나 알바니아 등으로 빠져 나갔다. 그리스 국내에는 조직적인 저항력을 잃은 소규모의 게릴라들만이 생존을 위한 투쟁을 하고 있었다.

밴플리트는 토벌작전 동안 부적절한 지휘를 하거나 무능력했던 그리스 지휘관들의 교체를 요구했다. 사단장 2명과 여단장 1명이 보직 해임됐다. 한때 2만 명을 상회하던 그리스 공산반군은 밴플리트의 조직적이고 체계적인 토벌작전으로 1949년 8월경에는 3,580명으로 감소됐다. 이들 게릴라들은 조직적인 저항력을 잃은 채 뿔뿔이 흩어졌다. 그들은 그리스 정부에 위협적인 세력이 되지 못했다. 1950년 5월 2일, 공산반군의 수는 500명도 채 못 됐다. 밴플리트의 승리였다.

그리스는 이제 정치적으로 안정을 되찾게 됐다. 이는 밴플리트의 작전성공이자 미국 대외정책의 승리였다. 국제사회는 미국의 원조가 그리스의 승리에 중요한 역할을 했음을 인정했다. 그리스에서 밴플리트의 임무도 이것으로 끝났다. 그의 다음 보직은 미국 메릴랜드(Maryland) 주에 위치한 미 제2군사령관이었다. 그리스고문단장에는 부단장인 젠킨스 소장이 임명됐다. 밴플리트는 1950년 7월 15일, 그리스를 떠나 미국으로 돌아왔다. 밴플리트의 29개월간에 거친 힘든 여정이 끝났다. 그리스 정부는 떠나는 밴플리트 장군에게 피닉스

(Phoenix) 대십자훈장, 명예훈장, 공군십자훈장을 수여했다. 그리스 국민들은 밴플리트의 전방지휘소가 있던 그리스 북부도시 카스토리아(Kastorias)에 동상을 세워줬다. 그리스인들의 밴플리트에 대한 무한한 감사와 고마움의 표시였다.

그러나 그 무렵 북한 김일성의 불법남침으로 한반도는 전화(戰禍)에 휩쓸리고 있었다. 역사는 마치 밴플리트와 한국과의 운명적인 만남을 예견하는 듯 했다. 밴플리트는 그리스에서의 공산 게릴라에 대한 토벌 경험을 살려 한국에서도 빨치산 토벌에 크게 기여했다. 밴플리트의 양차 세계대전에서의 전투지휘 경험과 그리스에서의 공산 게릴라 토벌 경험이 한국에서 빛을 발할 역사적 순간이 차츰 다가오고 있었다.

한국전에서 참패한 미 제2사단의 해체를 막다

밴플리트 장군과 대한민국과의 인연은 일찍 찾아왔다. 그것은 밴플리트가 그리스의 군사고문단장을 훌륭히 마치고, 미 본토에 주둔하고 있던 제2군사령관으로 부임하여 임무를 수행하고 있을 때, 한국전선에서 참패를 당한 미 제2사단의 해체를 막았기 때문이다. 이는 밴플리트가 미 제8군사령관으로 부임하기 4개월 전의 일이었다. 밴플리트가 제2군사령관에 취임한 것은 6.25전쟁 발발 2개월 후인 1950년 8월 10일이었다. 사령부는 워싱턴에서 북쪽으로 약 60km 떨어진 메릴랜드 주 조지미드 기지였다. 제2군사령부는 미 지상군 사령부 예하의 6개 군사령부 중 하나였다. 당시 미 지상군사령관은 밴플리트의 동기생인 클라크(Mark W. Clark) 대장이었다. 클라크 장 군은 밴플리트가 미 제8군사령관으로 있을 때 유엔군 사령관으로 부임하면서 다시 상하관계로 만나게 된다.

미 제2사단은 전통과 역사가 있는 부대이다. 6.25전쟁이 발발했 을 때 미 본토에서 가장 먼저 증원돼 한국전선으로 온 부대가 인디 언헤드(Indian Head) 마크를 단 제2보병사단이었다. 미 제2사단은 한 국전 최대의 위기라고 할 낙동강전선에 투입되어 크게 활약했다. 전 쟁이 끝난 후에도 미 제2사단은 대한민국에 가장 오래 주둔한 미군 사단이자, 현재 대한민국에 주둔하고 있는 유일한 미군 사단이다. 그런 미 제2사단이 6.25전쟁 와중에 해체될 뻔했다. 그 때 미 제2사 단의 해체를 막은 사람이 바로 미 제2군사령관인 밴플리트 중장이 었다. 그때 미 제2사단이 해체됐다면, 오늘날 대한민국에 주둔하고 있는 미 제2사단은 존재하지 못했을 것이다. 그런 점에서 밴플리트 는 대한민국의 미래 안보를 위해 또 하나의 초석을 놓았다고 할 수 있다.

미 제2사단은 인디언헤드, 천하제일(second to none), 대한민국 자유 수호 부대로서의 오랜 역사와 전통을 지니고 있다. 미 제2사단은 1917년 창설 이래, 미 본토보다 한국에 더 오래 주둔한 '미국 국적의 한국군 사단'으로서 역할을 수행했다. 약 100년의 역사를 지니고 있는 미 제2사단은 미 본토에서 40년, 한국에서 50년, 유럽전선에서 4년을 주둔했다. 제2사단은 6.25전쟁 당시부터 대한민국의 자유 수호를 위해 피를 흘렸고, 이후에는 대한민국 방위를 위해 노력했다. 제2사단은 1917년 10월 26일, 프랑스 부르몽에서 창설되어 제1차 세계대전에 참전했고, 제2차 세계대전시에는 노르망디 상륙작전에 참가하여 패튼(George Patton) 장군이 지휘한 미 제3군의 최선봉부대로서 독일군에게 섬멸적인 타격을 가하며 체코슬로바키아에서 소련군과 최초로 조우한 미군 부대였다.

6.25전쟁이 발발했을 때, 미국 워싱턴 주 포트루이스에 주둔하고 있던 미 제2사단(제9, 제23, 제38보병연대 및 포병연대로 편성)은 미 본토 최초의 증원군으로 동원되어 1950년 7월 23일, 그 선두부대가 한국전선에 전개되어 싸우다가, 1950년 8월 24일 사단 전체가 한국전선에 도착하면서 현풍-영산의 낙동강돌출부를 담당하고 있던 미 제24사단과 교대했다. 교체부대인 미 제24사단은 일본에 주둔하고 있다가

1950년 7월 4일부터 한국전선에 제일먼저 투입된 미군 부대였다.

미 제2사단의 한국전선 참전은 한국전선에 적지 않은 영향을 끼쳤다. 제2사단의 한국전선으로의 신속한 전개로 북한은 그들의 남침계획에 차질을 빚게 됐다. 북한의 남침계획에는 미 본토의 증원(增援) 병력이 한국에 도착하기 전에 그들의 최종목표인 부산을 점령하여 전쟁을 종결시킨다는 것이었다. 그런데 미 제2사단이 먼저 도착함으로써 계획에 차질을 가져오게 됐다. 반면, 낙동강전선에서 부족한 병력으로 작전상 어려움을 겪고 있던 미 제8군사령관 워커(Walton H. Walker) 중장은 비로소 병력운용에 숨통을 틀 수 있게 됐다.

낙동강 전선에서 미 제2사단은 북한군 2개 사단(제2, 제10사단)을 격퇴하고, 인천상륙작전 후에는 미 제9군단에 배속돼 한국의 남서부 지역에서 북한군 잔적소탕과 후방경계임무를 수행했다. 이때 미 제2사단은 미 극동군사령부의 명령에 따라 '인디언헤드 특수임무부대(Indian Head Task Force)'를 편성하여 국군과 미군이 점령한 북한의 수도 평양으로 들어가 막대한 양의 북한 정부 및 북한군 관련 문서를 수집하여 워싱턴으로 보냈다. 이것이 지금 미국 국립문서처(NARA)에 보관되어 '북한노획문서'로 대한민국 현대사 및 6.25전쟁사 연구에 귀중한 자료로 활용되고 있다.

1950년 10월 25일, 중공군의 한국전 개입은 미 제2사단에게 치욕을 안겨줬다. 중공군이 개입하자 미 제8군에서는 후방치안 및 경계 임무를 수행하고 있던 제2사단을 전선으로 복귀시켰다. 이에 따라 중공군 제1차 공세 후 청천강으로 급거 북진한 제2사단은 1950년 11월 24일, 미 제8군의 크리스마스 공세에 참가하게 됐다. 그렇지만 크리스마스 공세 다음날인 1950년 11월 25일, 중공군의 2차 공세로 중공군의 인해전술에 밀려 국군과 미군은 부득이 후퇴를 하지 않을 수 없게 됐다. 이때 미 제2사단도 청천강 남쪽의 군우리로 철수하는 과정에서 중공군에게 퇴로가 막혀 엄청난 피해를 입게 됐다. 이로부터 얼마 뒤인 1950년 12월 말, 미 지상군사령부에서 열린 지휘관회의에서 한국전선에서 막대한 피해를 입은 미 제2사단의 해체를 결정하고, 사단기를 회수할 것이라고 했다. 이때 회의에 참석했던 제2군사령관 밴플리트 장군은 이의 부당함을 지적하며, 사단 해체를 반대했다.

밴플리트 장군은 제2차 세계대전시 미 제2사단 부사단장을 지낸 적이 있다. 밴플리트가 1944년 연대장으로서 노르망디 상륙작전을 훌륭히 수행한 후, 장군으로 진급되어 제일 처음 갔던 부대가 바로 미 제2사단이었다. 그렇기 때문에 누구보다 미 제2사단에 대해 열정과 애정을 갖고 있었다. 밴플리트는 "제2사단은 장구하고 영예로운 역사를 지닌 우수한 부대이다. 사단을 재편성해 다시 전선에 배치해야 한다. 사단에는 자신들이 적으로부터 도망친 것이 아니라 자신들의 능력이 제대로 발휘될 수 없는 상황에서 적과의 월등한 전력 차이로 패배했음을 입증하기 위해 전투에 다시 임하려는 우수한 장교들이 많이 있다.”며 사단 해체를 반대했다. 밴플리트의 강력한 호소로 제2사단은 해체위기에서 벗어나 다시 재편성되는 행운을 갖게 됐다.

이후 미 제2사단은 경기도 수원에서 재편성과 지휘부 쇄신을 통해 새로운 부대로 거듭 태어났다. 사단에 한국전선에 투입된 프랑스 군과 네덜란드 군을 배속하여 전력을 강화했다. 이때부터 제2사단은 한국전선에서 가장 어렵고 중요한 전투에 참가해 지상전투 승리의 견인차 역할을 했다. 미 제2사단은 1951년 2월, 원주지구 전투를 시작으로 지평리 전투, 벙커고지 전투, 피의 능선 전투, 단장의 능선 전투에서 공산군에 결정적 타격을 주며 승리했다. 특히 1951년 2월 중순, 지평리 전투에서 중공군을 최초로 격퇴함으로써 ‘신비스러운 중공군’에 대한 두려움을 불식시켰다. 제2사단은 중동부의 험준한 산악지형에서 마치 인디언처럼 그 용맹성을 과시하며 미군도 산악 지형에서 잘 싸울 수 있다는 것을 보여줬다.

밴플리트의 관심과 배려에 의해 다시 태어난 미 제2사단은 환골탈태(換骨奪胎)하여 미군의 가장 우수한 전투사단으로 재탄생됐고,

오늘날까지 인디언부대로서 명성을 떨치게 됐다. 이후 제2사단은 대한민국의 영원한 우군(友軍)으로 남아 대북억지전력의 핵심역할을 하고 있다.

2부

대한민국의
자유 수호를
위해 아들과
함께 싸우다

미 제8군사령관 발탁 배경

1951년 4월 11일, 트루먼(Harry S. Truman) 미국 대통령은 유엔군 사령관 겸 극동군사령관 맥아더(Douglas MacArthur) 원수를 그 직에서 해임하고, 후임에 미 제8군사령관 리지웨이(Matthew B. Ridgway) 중장을 임명했다. 그리고 새로운 제8군사령관에는 미 본토 주둔의 미 제2군사령관 밴플리트 중장을 임명했다. 유엔군 사령관 겸 극동군사령관 맥아더 원수의 해임에는 여러 가지 이유가 있겠으나, 가장 커다란 요인은 "전쟁에서 승리를 대신할 만한 것은 없다."며 맥아더가 워싱턴의 전쟁정책과 통수권자인 트루먼 대통령의 권위에 도전한 것

때문이었다. 이에 대해 미 국방부의 수뇌들은 맥아더의 해임에 만장일치로 동의했고, 트루먼 대통령은 이를 받아들여 맥아더의 해임을 결정했다. 맥아더의 해임은 국내외적으로 상당한 파문을 일으켰으나, 결국은 수그러졌다.

밴플리트(James A. Van Fleet) 중장을 미 제8군사령관으로 임명하도록 추천한 장본인은 마셜(George C. Marshall) 국방장관이었다. 마셜 국방장관은 제2차 세계대전 기간 내내 육군참모총장을 지냈고, 전후에는 미 국무장관을 역임했던 미국 육군의 대부(代父)였다. 마셜은 한국에서 전쟁이 일어나고 맥아더의 인천상륙작전이 성공한 직후인 1950년 9월 하순, 국방부장관에 임명됐다. 그러한 역량 있는 마셜 장관이 미 제8군사령관에 밴플리트 중장을 추천했다. 추천과정에서 밴플리트 중장이 신임 유엔군 사령관 리지웨이 장군의 웨스트포인트 2년 선배라는 점이 걸렸으나, 크게 문제되지 않았다. 밴플리트의 미 제8군사령관 임명에 콜린스 육군참모총장과 트루먼 대통령이 적극 동의하고 나섰기 때문이다.

마셜 국방장관이 밴플리트를 제8군사령관에 추천한 데에는 이유가 있었다. 그것은 밴플리트 장군이 전투지휘관으로서 제2차 세계대전에서 그 누구보다 뛰어났다는 점을 마셜 국방장관이 잘 알고 있었기 때문이다.

**한국을 방문한 아이젠하워 미 대통령 당선자와 밴플리트 장군
(뒷편 오른쪽에서 첫번째)**

　밴플리트 중장은 제8군사령관에 취임하기 위해 워싱턴과 일본 도
쿄를 거쳐 1951년 4월 14일 12시 45분, 대구 공항에 도착했다. 당시
미 제8군사령관은 한국전선에서 싸우고 있는 국군을 비롯하여 모
든 유엔군지상군에 대한 작전 지휘권을 갖고 있었다. 이른바 유엔지
상군사령관을 겸하고 있었던 것이다. 밴플리트는 미 제8군사령관을
겸하면서 워커(Walton H. Walker) 초대 유엔지상군사령관과 제2대 리
지웨이 사령관에 이어 제3대 유엔지상군사령관으로서 자신에게 부
여된 막중한 임무를 수행해 나갔다.

승리하기 위해 한국에 왔다

미 제8군사령부가 있는 대구에 도착한 밴플리트 장군의 지휘관으로서 첫 일성은 단호했다. 밴플리트 사령관은 부임 직후 철수 운운하는 지휘관과 참모들에게, "나는 이 나라에 철수하기 위해 온 것이 아니라, 승리하기 위해 왔다."고 밝혔다. 중공군의 공세에 결코 물러서지 않겠다는 각오였다. 그것이 이승만 대통령이 밴플리트를 신임하며 좋아했던 가장 큰 이유 중의 하나다. 그렇지만 중공군은 밴플리트를 그냥 보고 있지만 않았다.

중공군 사령관 펑더화이(彭德懷)는 밴플리트 장군의 결전의지를 시험했다. 펑더화이는 밴플리트 장군이 미 제8군사령관 겸 유엔지상군사령관으로 부임한지 채 10일도 안된 시점에 두 차례에 걸쳐 대규모 공세를 펼쳤다. 이른바 1951년 중공군의 4월 공세(1951.4.22~4.30)와 5월 공세(1951.5.16.~5.22)다. 중공군 4월 공세의 의도는 수도 서울을 다시 빼앗아 공산주의자들의 최대 명절인 5월 1일, 노동절을 맞이하여 서울을 마오쩌둥(毛澤東)에게 선물로 바치겠다는 것이었다. 그러나 4월 공세가 공산군의 뜻대로 되지 않고 실패로 돌아가자, 5월에 다시 대규모 공세를 전개했다. 5월 공세에는 국군 4개 사단이 방어하고 있는 중동부지역을 집중 공격하여, 그곳에 배치된 국군사단에 타격을 주어 사기를 떨어뜨리고, 국군과 유엔군의 전선을 동서로 양분하여, 전장에서 주도권을 다시 확보하겠다는 의도였다.

중공군의 이러한 대규모 공세 배경에는 새로 부임한 미 제8군사령관 밴플리트 장군을 시험해 보려는 중공군사령관 펑더화이(彭德懷)의 의도도 깔려 있었다. 적장(敵將)인 미 제8군사령관에 대한 펑더화이의 이른바 신고식이었다. 펑더화이는 한국전에서 이런 수법을 자주 썼다. 워커 장군이 1950년 12월 23일, 교통사고로 순직했을 때, 펑더화이는 새로 부임한지 얼마 안 된 리지웨이 미 제8군사령관에게 대규모 공세를 펼쳤다. 리지웨이가 부임한지 겨우 1주일도 채 안 된 때였다. 펑더화이는 1951년 12월 31일을 기해 일명 신정공세(新正攻勢)로 알려진 제3차 공세를 펼쳤다. 이때 공산군은 서울을 다시 점령하고, 국군과 유엔군 그리고 한국 국민들에게 1.4후퇴라는 통한의 슬픔을 겪게 했다. 리지웨이에게는 호된 신고식이 됐다.

중공군사령관 펑더화이는 밴플리트 장군이 부임하자 리지웨이 부임 때처럼 똑같은 수법을 썼다. 하지만 밴플리트 장군은 서울을 포기하지도, 전선에서도 물러나지 않았다. 그는 적에게 최대한의 징벌을 내리겠다고 강조하며, 한국 국민의 상징적인 존재이자, 이승만 대통령이 다시는 빼앗겨서는 안 된다고 강조한 수도 서울을 사수했다. 중공군과 북한군이 51개 사단을 투입해 서울을 점령하고자 했으나, 국군과 유엔군은 뒤로 물러서지 않고, 이를 막아냈다. 밴플리트의 지휘관으로서의 탁월한 능력이 빛을 발하는 순간이었다. 펑더화이가 만만하게 봤다가 큰 코를 다친 격이었다. 두 번의 공세에서 중공군은 커다란 손실을 입었다. 이후 중공군은 밴플리트가 재임하는 동안, 단 한 번도 대규모 공세를 펼치지 않았다. 그만큼 두 번의 공세에 혼쭐이 났던 것이다.

중공군의 두 번에 걸친 공세를 물리침으로써 밴플리트 장군은 다시 한 번 지휘관으로서의 능력을 인정받게 됐다. 맥아더 해임 이후 주요 지휘관이 교체된 상황에서 전개된 중공군의 연거푸 공세에 마음을 졸이던 워싱턴은 비로소 한시름을 놓게 됐다. 밴플리트를 추천한 마셜 국방장관이나 육군참모총장 콜린스 대장의 체면도 크게 살아났다. 양차 세계대전에서 전투지휘관으로서 맹위(猛威)를 떨쳤던 밴플리트의 능력이 결코 허명(虛名)이 아니었음이 다시 한 번 입증됐다. 특히 중공군의 공세 과정에 다시 서울을 적에게 내주고, 1.4후퇴 때처럼 또 다시 피난해야 되지 않을까 하고 마음을 졸이며 지켜보던 이승만 대통령과 대한민국 국민들도 비로소 안도의 한숨을 내쉬었다. 이때부터 이승만 대통령은 지휘관으로서 뚝심을 갖고 수도 서울을 포기하지 않으려는 대한민국 국민들의 정서를 이해하고 실천하려는 밴플리트 장군을 더욱 신뢰하게 됐다.

워싱턴의 제한전으로 좌절된
39도선으로의 북진작전

1951년 7월 10일부터 시작된 휴전회담은 밴플리트의 북진작전을 번번이 좌절시켰다. 그때를 전후하여 워싱턴에서는 캔자스-와이오밍 선에서의 휴전을 검토하고 있었다. 한국에서 벌어지는 전쟁과 관련하여 워싱턴으로부터 전략지시를 받는 유엔군 사령관 겸 미 극동군사령관 리지웨이는 "휴전회담에 지장을 주지 않을 정도의 제한된 작전을 수행하면서 캔자스-와이오밍 선을 넘지 않도록 하라!"는 지시를 받았다. 리지웨이는 또 그 범위를 벗어난 작전을 수행할 때는 반드시 미 합동참모본부의 승인을 받도록 하라는 지시도 함께 받았다.

한국전선에서 유엔지상군을 총지휘하는 미 제8군사령관 밴플리트는 워싱턴과 유엔군 사령부로부터 지시된 제한작전을 수행할 수밖에 없었다. 그 범위를 벗어날 경우에는 먼저 유엔군 사령관 리지웨이 장군의 승인을 얻어야 했다. 즉 캔자스-와이오밍 선 이북으로 북진하는 모든 작전에 대해서는 사전 유엔군 사령관의 승인을 받아야 했다. 이것은 전투력과 관계없는 일이었다. 맥아더 장군이 워싱턴에 불만을 터뜨렸던 것도 바로 이런 것이었다. 맥아더가 중공군을 격퇴하기 위해서는 중공군의 힘의 원천인 만주(滿洲) 지역을 공격해야 되는데 워싱턴이 이를 허용하지 않았다. 이때 맥아더는 전쟁에서 승리를 대신할 것은 아무것도 없다며 불만을 터뜨렸다. 전쟁에서 승리해야 되는 군인으로서는 당연한 주장이다. 밴플리트도 전쟁에서 군인의 책무를 승리로 봤다. 그런 점에서 밴플리트와 맥아더는 일치했다.

미 제8군사령관 밴플리트 장군은 전형적인 공격형 장군이었다. 워싱턴과 유엔군 사령부의 제한전(limited war) 지침에도 불구하고, 그는 공세작전을 계획했다. 평양-원산 선까지 진출하는 공격계획이었다. 밴플리트는 공세적 지휘관답게 캔자스-와이오밍 선 이북으로의 북진작전을 끊임없이 요구했다. 거기에는 동해안에서의 상륙작전과 평양-원산으로의 북진작전이 포함되어 있었다. 하지만 공세적인 북진작전 및 상륙계획은 유엔군 사령관으로부터 번번이 퇴짜를 맞았다. 그럼에도 밴플리트는 결코 포기하거나 물러서지 않고, 자신이 구상하고 있는 공세적 북진작전을 계획해 유엔군 사령관 리지웨이를 설득했다.

밴플리트가 구상했던 공세적 북진작전 중 그 대표적인 것이 1951년 9월 1일에 실시할 예정이던 '제압작전계획(Plan Overwhelming)'이다. 이 계획은 전선에 투입된 중공군을 섬멸하고, 평양-원산 선까지 점령하는 것이었다. 밴플리트는 한반도에서 군사적으로 유리한 전략적인 선으로 한반도에서 그 폭이 가장 좁은, 즉 '꿀벌의 허리'에 해당하는 평양-원산을 연결하는 39도선을 확보할 것을 주장했다. 이를 확보해야만 휴전이 되더라도 군사적으로 유리하다는 게 밴플리트의 생각이었다.

39도선 확보를 위한 공세적 작전계획은 밴플리트에 의해 1951년 6월경에 수립됐다. 이 작전은 한미 양국의 4개 군단이 참가하는 대규모 공세작전이었다. 국군 제1군단은 동해안을 따라 원산 남쪽 30km 지점인 고저(庫底)로 진격하고, 미 제9군단은 철원에서 경원선을 따라 신고산으로 진격하며, 미 제10군단은 양구와 문등리를 거쳐 북한강 상류를 따라 금강산 서쪽으로 돌아 고저로 진격하는 것이었다. 이때 일본 주둔 미 제16군단 예하의 2개 사단이 해상으로 기동하여 고저에 상륙하여 지상 공격부대와 연계하는 대규모 공세작전이었다. 최종작전목표는 39도선 확보였다.

그렇지만 평양-원산 북진계획은 유엔군 사령관 리지웨이 장군에 의해 좌절됐다. 리지웨이는 "휴전회담이 막 시작된 시점에서 대규모 작전은 신중을 기해야 한다."며 승인하지 않았다. 당시 이 계획에 대해 귀띔을 받았던 백선엽 제1군단장과 정일권 육군참모총장은 이것이 무산된 것에 대해 대단히 섭섭해 했다. 특히 정일권 장군은 그 계획이 취소된 것에 대해 자신의 회고록에서, "워싱턴 당국은 북진 당시 소련과 중공을 자극한다하여 맥아더 전략을 억제했습니다. 그리고 이번에는 휴전협상을 위해 밴플리트의 작전을 제한하고 있습니다. 맥아더 전략이 억제당함으로써 북진통일이 좌절되었듯이, 밴플리트 작전이 제한됨으로써 이번에는 평양원산 진격이 좌절됐습니다."라며 아쉬운 감을 떨치지 못했다.

밴플리트는 이후에도 기회가 있을 때마다 새로운 대규모 공세작전을 요구했다. 탈롱스 작전(Operation Talons, 맹금발톱작전)과 랭글러 계획(Plan Wrangler, 대타격 작전)이다. 이들 대규모 공세계획은 군사적으

국군병사들의 훈련을 보고있는 이승만 대통령과 밴플리트 장군

로 유엔군이 매우 유리할 때 계획됐다. 그것은 중공군이 1951년 4월과 5월, 두 차례의 공세에서 많은 피해를 입고 재정비를 못하고 있던 1951년 6월을 전후한 시기였다. 이때가 공산군을 군사적으로 격퇴할 가장 좋은 시기였다. 그러나 미국의 펜타곤과 도쿄의 유엔군 사령부는 밴플리트의 손발을 묶어버렸다. 밴플리트의 대규모 공세작전을 결코 승인하지 않았다. 그렇게 됨으로써 워싱턴은 군사적으로 중공군을 물리칠 황금 같은 기회를 잃어버렸고, 밴플리트의 야심찬 공세작전은 물거품으로 끝나게 됐다.

탈롱스 계획은 동부전선의 방어선을 24km까지 밀어 올려 남쪽으로 쳐진 전선의 만곡부(彎曲部)를 없애고, 지역 내의 적을 섬멸하는 것이었다. 이를 위해 해상상륙으로 원산을 점령하고, 기갑부대가 육로로 원산을 향해 진격하는 것이었다. 그때 미 제10군단은 중동부전선 지역의 펀치볼(Punchbowl)을 확보한다는 것이었다. 랭글러 계획은 전략적으로 중요한 평강-금성-고저 선을 확보하는 것이었다. 이를 위해 1개 사단이 고저에 해상으로 상륙하고, 중부전선의 미 제9군단이 동북방으로 진격하고, 국군 제1군단이 동해안을 따라 고저로 북진하는 것이었다. 그러나 이들 계획은 유엔군 사령관의 불승인으로 모두 실시되지 못했다. 밴플리트는 어떻게 해서든지 대규모 공세작전을 통해 평양-원산을 연결하는 39도선을 확보하려 했으나, 워싱턴의 지침을 받은 유엔군 사령부는 끝내 밴플리트의 대규모 공세 계획을 승인해 주지 않았다. 밴플리트의 야전지휘관으로서의 마지막 노력이 물거품이 되는 아쉬운 순간이었다. 하지만 밴플리트는 여기서 포기하지 않고 자기 권한 내에서 할 수 있는 작전을 골라 실시했다.

휴전선을 있게 한
밴플리트의 제한된 공격작전

밴플리트는 대규모 공세작전이 상급부대에 의해 좌절되자, 유엔군 사령부의 작전지침 내에서 할 수 있는 최대한의 공세작전을 실시했다. 그것은 당시의 전선을 최대한 북쪽으로 밀어 붙이는 것이었다. 휴전이 되더라도 군사적으로 유리한 지역을 확보하자는 개념이었다. 이러한 작전은 전 전선에 걸쳐 실시됐다. 작전의 효과를 높이기 위해 서부전선, 중부전선, 중동부전선으로 나뉘어 실시하거나, 두 개의 전선을 묶어 군단별로 실시했다. 밴플리트의 이런 공세적 작전으로 오늘날 휴전선이 보다 북쪽으로 형성될 수 있었다. 이는 밴플리트가 대한민국을 위해 기여한 또 하나의 숨은 노력이다.

서부전선에서는 미 제1군단장 오다니엘(John W. O'Daniel) 소장에 의해 실시된 코만도작전(Operation Commando)이 있었다. 미 제1군단은 이 작전을 통해 군단의 전선을 역곡천 남안까지 10km 추진하여 방어선을 개선함과 동시에 연천-철원 간 철로와 병참선을 확보하고자 했다. 이 작전은 1951년 10월 3일에 시작되어 10월 하순에 종료됐다. 이는 결국 서부전선의 휴전선을 확정짓는 결과를 가져왔다.

중부전선에서는 미 제9군단장 호지(William M. Hoge) 중장에 의해 실시된 폴라 선(Polar Line)으로의 진격작전이 있었다. 폴라 선은 철원-김화 북쪽을 연결하는 미 제8군의 작전통제선이다. 미 제9군단은 이 작전을 통해 방어선을 개선함과 동시에 철원-김화 간 철로와 도로를 안전하게 확보하고자 했다. 이 작전은 10월 10일에 시작되어 10월 하순에 폴라 선을 점령함에 따라 종료됐다.

중동부전선에서는 미 제10군단 예하의 제2사단에 의해 1951년 10월에 실시된 터치다운 작전(Operation Touchdown)이 있었다. 미 제2사단은 밴플리트가 미 제8군사령관으로 부임하기 전에 해체되는 것을 막았던 바로 그 사단이었다. 제2사단은 이 작전을 통해 단장의 능선과 1220고지(일명 김일성 능선)를 탈취했다. 미 제2사단은 1951년 유엔군의 추계작전 중 최대의 격전지였던 단장의 능선을 확보함으로써 국군과 유엔군의 중동부전선에서의 북진작전에 기여하게 됐다.

밴플리트는 다시 한 번 대규모 공세작전을 계획했다. 그것은 미 제8군이 주도하는 해시계작전(Operation Sundial)이었다. 이 작전은 중부지역과 동부지역의 전선을 철원북쪽-평강북쪽-통천으로 추진하는 것이었다. 이를 위해 미 제9단과 국군 제1군단이 중부지역과 동해안에서 진격하는 것이었다. 이 작전은 11월 1일에 실시할 예정이었으나, 유엔군 사령관 리지웨이가 "휴전협상에 따라 곧 비무장지대가 설치되면 현 접촉선에서 몇 km씩 뒤로 물러나야 되는데 굳이 많은 피해를 수반할 이 작전을 강행할 필요가 있겠느냐!"며 반대함에 따라 실행에 옮기지 못했다. 이렇게 해서 밴플리트의 마지막 공세작전도 결국 무산됐다.

이렇듯 휴전회담 이후 밴플리트가 수행한 전투는 주로 워싱턴의 제한전 지침 속에서 이루어진 제한된 공격작전이었다. 밴플리트는 그런 워싱턴의 제한전 방침에 의해 자신의 지휘역량과 우세한 미국의 군사력을 충분히 발휘할 수 없었다. 나아가 자신의 힘으로 당시의 전쟁양상을 바꾸는 것도, 전쟁을 승리로 이끄는 것도 어렵다는 것도 알게 됐다. 그럼에도 밴플리트는 실망하지 않고 자신의 지휘권 내에서 할 수 있는 일을 찾아 했다. 그것이 바로 휴전 이후 군사적으로 유리한 지역을 확보하기 위한 노력이었다. 그나마 밴플리트의 그런 노력이 있었기에 오늘날의 휴전선이 보다 북쪽으로 올라갈 수 있었다. 이 또한 밴플리트가 미 제8군사령관으로서 대한민국에게 준 마지막 선물이다.

하지만 밴플리트도 워싱턴의 전쟁방침에 한계를 느꼈다. 자신의 거취에 대해 결단을 해야 할 때가 왔다. 밴플리트는 "한국에 남아 있는 것은 더 이상 야전지휘관의 몫이 아니다."고 생각했다. 워싱턴의 펜타곤이나 도쿄의 유엔군 사령부도 똑같은 생각일 것이라 여겼다. 밴플리트는 야전군사령관으로서의 회한(悔恨)과 아쉬움을 뒤로 한 채 1953년 2월 11일, 미 제8군사령관 직을 테일러(Maxwell Taylor) 중장에게 인계하고, 그 다음날인 2월 12일 정들었던 대한민국을 떠났다. 그리고 한 달 뒤 밴플리트는 육군대장으로 전역했다. 밴플리트의 38년간의 군대경력 중 한국에서의 미 제8군사령관이 마지막 직책으로 남게 됐다. 이는 밴플리트가 두고두고 영광스럽게 생각하는 직책이었다.

미군 사령관 중 이승만 대통령을 가장 존경하다

6.25전쟁 때 이승만 대통령은 주한미군 장성들에게 경외(敬畏)의 대상이었다. 그런 미군 장성들을 이승만 대통령은 자식처럼 대하며 각

별히 챙겼다. 그 가운데에서도 유독 밴플리트 장군이 이승만 대통령을 아버지처럼 따르며 존경했다. 밴플리트도 한국에 부임하기 전까지는 이승만 대통령에 대해서도 전혀 몰랐다. 미 제8군사령관으로 부임한 이후 위대한 지도자와 애국자로서 이승만 대통령을 존경하게 됐다.

이승만 대통령은 미국 명문대학을 졸업한 대한민국 제1호 박사였다. 조지 워싱턴 대학에서 학사학위를, 하버드 대학에서 석사학위를, 그리고 프린스턴 대학에서 박사학위를 받았다. 그것도 불과 5년 만에 학사에서부터 시작하여 박사까지 받은 조선(朝鮮)의 수재였다. 이러한 명문대학 학력은 미국에서 매우 드문 경우라고 한다. 거기에다 이승만 대통령은 오랫동안 미국에서 망명생활을 하며 독립운동을 한 애국지사였다. 독립운동과정에서 이승만 박사는 대한민국임시정부 초대 대통령, 구미위원회 위원장, 워싱턴 군축회담을 비롯한 국제회의에 한국대표로 참석하며, 한국의 독립을 호소했던 위대한 민족지도자였다.

이승만 박사는 그 누구보다도 조국과 민족을 사랑했고, 여기에 위해(危害)를 주는 사람에게는 그가 누구든 간에 용서치 않았다. 그는 민족의 생존권과 국가의 이익을 가장 중요시했던 국가지도자였다. 그런 점에서 8.15광복 이후 남한의 총독(總督)과 같은 지위에 있었던 남한지역의 미 점령군사령관 하지(John R. Hodge) 중장도 이승만 박사에게 곤욕을 치렀다. 하지 장군은 제2차 세계대전시 '태평양의 패튼(George Patton)' 또는 '군인 중의 군인'으로 용맹을 떨치고 미 점령군사령관으로 당당히 서울에 왔으나, 광복 직후 야인(野人)에 불과하던 이승만 박사의 카리스마와 애국심, 그리고 해박한 학식에 바탕을 둔 국제정세 분석 앞에서 꼼짝하지 못했다. 그것은 광복 직후, 연합국의 신탁통치정책을 수행해야 되는 하지 장군과 이를 반대하는 이승만 박사간의 충돌과정에서 빚어졌다. 이른바 한국의 독립 문제를 놓고 일어난 충돌이었다.

하지 장군은 미 군정기간 이승만 박사와의 대립에 대해, "미군정의 최고 책임자로서 그 직책은 지금까지 내가 맡았던 직책들 가운데 최악이었다. 내가 미국 정부의 명령을 받지 않는 민간인 신분이었다면, 1년에 100만 달러를 준다고 해도 그 직책을 수락하지 않았을 것이다. 특히 이승만 박사와 같은 한국지도자를 상대해야 했던 나로서는 생각하기조차 끔찍한 일이었다."며 회고했다. 그 당시 하지 장군은 미 점령군사령관으로 남한의 최고통치권자였으나, 한국의 독립을 놓고 벌이는 명분과 논리에 있어서 이승만 박사를 도저히 따라가지 못했다. 결국 워싱턴의 정책도 이승만 박사가 요구했던 자유총선거에 의한 한국독립으로 귀결됐고, 하지도 이를 추진해 대한민국의 건국을 도왔으나, 그에게 그 여정은 감당하기 매우 힘든 직책이었다.

이승만 대통령도 대한민국 정부수립 후 이임하는 하지 장군에게 심하게 대했던 것이 마음에 걸렸는지 덕담을 했다. "당신과 나 사이에 때로는 약간의 오해도 있었지만, 지금 우리는 완전한 자유 독립의 주권국가로서 대한민국을 수립하기 위한 당신의 결의가 성공했음을 알고 있다. 그대는 한국 국민의 가슴속에 결코 잊혀지지 않을 것이며, 귀하에 대한 우리들의 기억도 영원할 것이다."라며 그동안의 노고를 치하했다. 이승만 대통령도 대한민국의 이익에 저해되는 미국의 대한정책 때문에 하지 장군에게 모질게 대했던 것이지, 그에게 감정이 있어서 그랬던 것이 아니었다.

하지만 이승만 대통령과 밴플리트 장군은 처음부터 의기투합했다. 미 제8군사령관으로 부임한 밴플리트 장군은 1951년 4월 14일, 대구에서 미 제8군사령관에 취임한 바로 다음날 서울에 있는 경무대로 이승만 대통령을 예방했다. 이때 밴플리트 장군은 이승만 대통령의 애국심과 전쟁수행에 대한 굳은 결의를 존중하게 됐다. 또 이승만 대통령을 보고, 서양 사람들이 왜 한국 사람을 '동양의 아일랜드인'으로 부르는지도 이해하게 됐다. 그것은 바로 이승만 대통령과 한국 사람의 강인함이었다. 이승만 대통령도 군인다운 밴플리트의 필승의 신념을 알고 신뢰하게 됐다.

이처럼 두 사람의 첫 만남은 곧 깊은 우정으로 변했다. 그 중심에는 대한민국을 위한 열정과 관심이 있었다. 밴플리트는 이승만을 아버지처럼 그리고 자기나라의 국가지도자처럼 대했고, 이승만은 밴플리트를 마치 친자식처럼 대했다. 두 사람은 전쟁을 보는 눈도 같았고, 전쟁을 어떻게 종결시킬 것인가에 대해서도 같은 생각이었다. 무엇보다 두 사람에게는 자기 나라를 사랑하는 애국심이 있었다. 거기에다 밴플리트는 대한민국을 제2의 조국으로 여겼다. 밴플리트의 그런 생각이 대한민국에 헌신하게 했다. 밴플리트 장군은 전쟁 중 워싱턴과 서울 간에 전쟁의 해법을 놓고 의견이 대립할 때면, 으레 이승만 대통령을 이해하려고 노력했다.

밴플리트는 이승만 대통령을, '대한민국의 위대한 애국자, 강력한 지도자, 강철 같은 사나이, 그리고 자기 체중만큼의 다이아몬드에 해당하는 가치를 지닌 인물'이라며 존경하고 흠모(欽慕)했다. 그런 이승만 대통령에 대한 존경심은 밴플리트 장군의 작전에 그대로 투영됐다. 밴플리트 부임 이후, 대한민국 수도 서울은 다시는 적에게 점령되지 않았다. 그것은 밴플리트가 수도 서울을 프랑스의 파리나 그리스의 아테네와 마찬가지로 중요시했기 때문이다. 6.25전쟁 때 대한민국의 수도 서울은 2번이나 공산군의 수중에 넘어갔다. 한 번은 미군이 참전하기 전인 1950년 6월 28일이었고, 다른 한 번은 중공군이 개입한 뒤 유엔군이 37도선으로 철수할 때인 1951년 1월 4일이었다. 그 뒤로 한 번 더 서울을 빼앗길 뻔했다. 그것은 1951년 4월과 5월 중공군 춘계공세 때였다. 그런데 당시 미 제8군사령관 밴플리트는 이를 허용하지 않았다. 이승만 대통령은 서울을 빼앗기는 것을 무엇보다 싫어했다. 그런 마음을 밴플리트가 알고 지켜줬던 것이다.

밴플리트 장군은 이승만 대통령이 요구한 것은 대부분 수용했다. 어떤 것은 자신의 권한 내에서 해결했고, 권한을 넘어선 것에 대해서는 도쿄의 유엔군 사령부와 미국의 펜타곤에 요청해서 해결했다. 그것은 바로 대한민국 4년제 육군사관학교 설립, 국군 20개 사단의 증편, 국군장교들의 미국 군사학교 유학 등이었다. 특히 이승만 대통령의 북진통일론을 이해했기 때문에, 휴전 후 전략적으로 유리한 평양-원산을 연결하는 39도선의 확보를 위해 노력했다. 그러나 워싱턴의 제한정책에 막혀 실현되지 못하자, 자신이 권한으로 할 수 있는 전선에서의 공세작전을 통해 오늘날의 휴전선을 보다 북쪽으로 확보하는데 기여했다. 이는 이승만의 북진정책을 이해했기 때문에 가능한 일이었다.

밴플리트는 전역 후에도 대한민국과 이승만 대통령을 위해 살신

성인적(殺身成仁的)인 노력을 했다. 아이젠하워 대통령은 이승만 대통령과 친분이 두터운 밴플리트 장군을 주한 미국대사로 임명해 이승만의 휴전반대를 철회하려고 했다. 그러나 밴플리트는 이승만 대통령이 왜 미국의 휴전정책을 반대하는지 정확히 알고 있었기 때문에, 일언지하(一言之下)에 주한 미국대사 직을 거절했다. 밴플리트는 한반도를 통일하겠다는 이승만 대통령의 전쟁목표와 정전협정 체결을 거부하는 그의 심정을 익히 알고 있었다. 밴플리트는 주한 미국대사 직을 거절하면서, "이승만 대통령이 왜 휴전을 반대하는지를 가장 잘 알고 있는 내가, 어떻게 한국으로 가서 미국의 휴전정책을 받아

전선을 방문한 이승만 대통령과 밴플리트 장군

들이라며 설득할 수 있겠는가!'라고 말했다. 이것은 이승만 대통령을 자신의 목숨처럼 존경하지 않으면 할 수 없는 일이었다.

밴플리트는 이승만 대통령을 끝까지 모셨다. 이승만 대통령은 4.19 후 잠시 머리를 식힐 겸 가벼운 마음으로 하와이로 갔다가, 이후 국내의 정치적 상황으로 인해 귀국하지 못하고 그곳에서 세상을 뜨게 됐다. 그때가 1965년 7월 19일이었다. 이때 플로리다에 거주하고 있던 밴플리트 장군은 이승만 대통령의 부음(訃音)을 받자, 곧바로 달려와 하와이의 히컴(Hickam) 공군기지에서 미 공군수송기를 이용해 이승만 대통령의 유해를 모시고 서울로 왔다. 그리고 장례식까지 지켜본 후, 미국으로 돌아갔다. 세인들이 그 두 사람을 부자지간으로 불렀던 것이 전혀 이상하지 않은 밴플리트 장군다운 처신이었다.

이승만 대통령의
전선시찰을 주야로 수행하다

밴플리트 장군은 6.25전쟁 시 미 지휘관 중 맥아더 원수와 함께 이승만 대통령을 가장 이해하고 존경했던 사령관이었다. 그는 이승만 대통령의 국군통수권자로서의 역할과 소임을 기꺼이 도왔다. 6.25 전쟁 당시 이승만 대통령은 80세를 바라보는 노령에도 불구하고 매주 전선시찰을 통해 열악한 전장 환경에서 싸우고 있는 국군 장병들을 격려하며, 사기진작을 위해 노력했다. 그때마다 밴플리트 장군은 만사를 제쳐두고 이승만 대통령을 수행하며, 전후방을 누볐다. 자국의 대통령이라고 해도 그렇게 하기는 어려웠을 것이다. 밴플리트가 그렇게 했던 것은 이승만 대통령의 애국심과 해박한 지식 그리고 자기 조국에 대한 무한한 사랑에 감동받았기 때문이다. 밴플리트는 이승만 대통령을 한국 현대사의 가장 위대한 사상가, 학자, 정치가, 애국자라며 그 누구보다 흠모했다. 어쩌면 그가 가장 존경한 인물 리스트에서 이승만이 첫 번째를 차지하지 않을까 싶다.

밴플리트는 노령에도 불구하고 추운 겨울 날씨에 전선을 방문하는 이승만 대통령을 수행하는 것을 더 없는 즐거움으로 생각했다. 밴플리트 장군은 이승만 대통령의 수행해 대해, "내 재임 2년 동안, 이승만 대통령은 거의 1주일에 한 번씩 온갖 역경을 마다하지 않고, 전방지역과 훈련지역을 시찰했다. 추운 날 이른 아침, 지프를 타야 할 때 죄송하다는 내 말에, 대통령은 미소로 답하고는 자동차에 올랐다. 목적지에 도착할 때까지 그의 밝은 얼굴과 외투 밖으로 보이는 백발은 마치 검은 구름 위에 솟아오르는 태양처럼 빛났다."고 회고했다.

이처럼 이승만 대통령은 국군장병들과 고난을 같이 한다는 마음으로 한 여름의 폭염(暴炎)이나 한 겨울의 혹한(酷寒)과 관계없이, 노구(老軀)를 이끌고 전선지역을 방문했다. 그것은 낙동강 방어선부터 실시됐다. 낙동강전선의 최대 격전지인 영천 전투가 어렵다는 말을 듣고, 이승만 대통령은 그곳에서 사투를 벌이고 있는 국군 제8사단을 방문하고, 이성가(李成佳, 육군소장 예편) 사단장을 비롯한 장병들을 격려했다. 이때 주변에는 적의 박격포가 떨어지는 위급한 상황이었다.

또한 이승만 대통령은 1952년 10월, 중부전선에서 백마고지(白馬高地)를 놓고 중공군과 혈전을 치르고 있는 국군 제9사단을 방문하고, "귀관들이 막강한 미군 사단들 못지 않게 용감하게 싸워 국위를 선양하고 있기 때문에, 내가 용기를 얻어 국정을 보살피고 있다."고 격려했다. 그리고 그 전투에서 부상당한 병사들을 보고, "후방에 있는 사람들이 이 사실을 잘 새겨 둬야지!"라며 눈물을 글썽이며 위로했다. 이때 밴플리트 장군도 동행했다.

이때 이승만 대통령으로부터 격려를 받은 김종오(金鍾五, 육군대장 예편) 사단장은, "대통령이 내 손을 꼭 잡고 눈물을 적실 때 가슴이 메어졌다. 그래서 기필코 이 전투를 이기고 말겠다는 각오를 되새기게 됐다."고 당시를 회고했다. 백마고지전투에서 승리했다는 보고를 받은 이승만 대통령은, 부슬비가 오는 궂은 날씨에도 아랑곳하지 않고 사단을 방문하고, 그동안의 노고를 치하했다. 이때 동행한 밴플리트 장군은 김종오 사단장에게 '마이 디비전(My Division)'이라며 격려했다.

이승만 대통령의 전선지역 시찰은 전쟁이 끝날 때까지 계속됐다. 밴플리트도 재임 동안 그런 이승만 대통령을 수행하며 다녔다. 단장의 능선 전투를 앞둔 장병들을 격려하기 위해 부산에서 강원 양구까지 쌍발기와 연락기 그리고 지프차를 번갈아 타며 달려갔다. 전선지역으로 이동하는 연락기는 2인승으로 조종사의 좌석에는 뚜껑이 없

전선을 시찰하고 있는 이승만 대통령과 밴플리트 장군

었다. 늦가을 산악지형에서 그런 비행기를 탄다는 것은 위험하기도
했고, 한편으로는 추위도 문제였다. 대통령은 그런 것에 전혀 개의
치 않았다. 무릎에 담요를 덮고 그런 강행군을 계속했다.

전선시찰을 할 때는 기상관계로 인해 식사도 제때 못할 때가 많았
다. 한 번은 전선시찰을 마치고 부산으로 복귀할 때 기상악화로 대구
비행장에도 내리지 못하고, 포항 인근 비행장에 불시착했다. 뒤늦게
연락을 받은 인근 부대에서는 차량을 보내 대통령 일행을 맞이했다.
그때가 저녁 7시 30분쯤 됐다. 대통령 일행은 아직 저녁식사를 하지
못했다. 대통령 일행은 소령이 지휘하는 그 부대에서 먹다 남은 음식
을 데워 먹고, 23시에 폭우가 그치자 지프차로 인근 역으로 이동해
열차를 타고 겨우 부산에 도착했다. 그런데도 이승만 대통령은 전선
시찰을 그만두지 않고 계속했다. 힘든 상황인데도 대통령은 얼굴에
미소를 띤 채 농담하며, 주위 사람들을 편안하게 했다. 그런 이승만
대통령을 위해 밴플리트 장군은 궂은 날씨나 기후에 관계없이, 이승
만 대통령을 수행하며 전선사령관으로서의 역할과 책무를 다했다.
마음속에서 우러나는 존경심이 없으면 할 수 없는 일이었다.

한국전선에서 가족에게 편지 쓰는 군사령관

밴플리트 장군은 두 차례 세계대전에 참전하면서 가족들과 자주 떨어져 있었다. 가족들에게 늘 미안하게 생각했던 점이다. 그런데 1951년 4월, 맥아더의 해임으로 갑자기 한국전선으로 전출되면서 가족들과 다시 헤어지게 됐다. 그리스 군사고문단장으로 근무할 때도 가족들과 떨어져 생활했던 그로서는, 또 다시 헤어지게 되는 것이 가족들에게 미안하고 마음이 아팠다.

밴플리트는 그런 가족을 위해 자주 서신을 통해 위로하는 것을 잊지 않았다. 부인인 헬렌 여사를 비롯하여 두 딸과 사위들에게 편지를 썼다. 헬렌 여사는 캘리포니아 친정집에 살면서 결혼한 두 딸이 살고 있는 뉴욕을 자주 방문했다. 밴플리트의 딸들은 군인인 남편들을 따라 그곳에서 근무하고 있었다. 당시 큰사위 맥코넬 중령과 둘째사위 맥크리스천 중령은 모두 미 육군사관학교에 근무하고 있었다.

밴플리트가 미 제8군사령관으로 있을 때, 둘째딸 뎀프시가 가족들 간의 연락책임을 맡았다. 뎀프시는 매주 아버지 밴플리트 장군과 서신을 주고받으면서 가족들의 소식을 전하고, 가족들의 문제에 대해 상의했다. 그러나 뎀프시는 아버지의 편지에 일일이 답장할 수 없었다. 그것은 아버지가 거의 매일 편지를 보내왔기 때문이다. 밴플리트 장군은 바쁜 일정에도 불구하고, 미안한 마음에 가족들에게 편지 쓰는 것을 소홀히 하지 않았다. 그만큼 가정적이었다. 뎀프시는 아버지가 보낸 3~4통의 편지를 한데 모아 답장을 하곤 했다.

밴플리트는 전선에서의 위험했던 일에 대해서는 편지에 언급하지 않았다. 가족들에게 걱정을 주지 않기 위해서다. 밴플리트의 편지는 주로 방문객에 대한 이런저런 이야기, 전역 후 가족들과 보낼 여행계획, 매일 후식으로 먹는 아이스크림 만드는 법, 그리고 대한민국을 도울 일 등이었다. 부인 헬렌 여사에게도 편지를 자주 보냈다. 그녀에게는 애정이 듬뿍 담긴 내용을 간결하게 썼다. 헬렌 여사의 답장은 밴플리트보다 내용이 길었다. 이것저것 가족에 대해 밴플리트가 궁금할 내용들을 적어 보냈다. 두 부부는 서로 떨어져 있을 때는 편지를 통해서나마 서로 교감하며 자녀들을 키웠다. 밴플리트의 자녀들은 군인인 아버지와 자주 떨어져 있었지만, 아버지의 가족들에 대한 관심과 자식에 대한 각별한 애정으로 훌륭하게 자라날 수 있었다.

밴플리트는 웨스트포인트에 근무하고 있는 사위에게도 편지를 썼다. 사위에게는 대한민국 4년제 육군사관학교 설립에 관한 내용에 대해 주로 썼다. 그만큼 대한민국과 국군의 발전에 대해 관심이 많았다는 증거다. 그는 사위를 통해 미 육군사관학교의 교육과정, 군사훈련 내용, 학교조직과 편성 등에 대한 필요한 자료를 요구했다. 그런 점에서 밴플리트의 사위는 대한민국 육군사관학교의 설립에 숨은 공로자이다. 그밖에도 밴플리트는 편지를 통해서 사위에게, 미 육군사관학교 생도들이 그들의 하계훈련 기간 동안에 한국을 방문하도록 주선했고, 대한민국 육군사관학교 교장이 웨스트포인트를 방문할 수 있도록 부탁했다.

밴플리트는 편지를 쓰면서도 가족들은 물론이고, 대한민국에 도움이 되는 일에 대해서도 잊지 않았다. 그만큼 대한민국을 사랑한다는 의미였다. 그의 가슴 한 편에는 늘 가족과 자신에게 주어진 책무 그리고 대한민국이 놓여 있었다. 그는 제2차 세계대전시에는 조국이 부여한 승리를 위해 사선을 넘나들며 싸웠고, 6.25전쟁 때는 대한민국의 자유 수호를 위해 아들을 바쳐가며 공산군과 싸웠고, 전후에는 대한민국과 국군의 발전을 위해 노력을 아끼지 않았던 대한민국의 영원한 벗이었다.

밴플리트의 외아들 한국전에서 전사하다

밴플리트 장군은 강한 책임감, 용맹함, 전장에서의 뛰어난 리더십, 그리고 친화력을 갖춘 명장(名將)이면서 한 집안의 가장으로서의 역할까지 훌륭히 수행해 낸 인격자였다. 슬하에 1남 2녀를 둔 밴플리트는 정감이 넘치는 다복한 가정의 가장이었다. 두 딸도 모두 웨스트포인트를 나온 군인들과 결혼했다. 두 사위는 밴플리트가 대한민국에 4년제 육군사관학교를 설립할 때 웨스트포인트에 근무하고 있으면서 많은 도움을 줬다. 밴플리트의 외아들인 밴플리트 2세는 잘 알다시피 웨스트포인트를 나와 공군조종사가 됐다. 그리고 아버지가 근무하는 한국전선을 지원해 군산의 미 공군기지로 왔다.

밴플리트 2세는 아버지처럼 어머니에게 자주 편지를 썼다. 편지 쓰는 습관은 아버지를 따라 배운 듯하다. 한국에서 근무할 때 밴플리트 2세는 B-26전략폭격기를 조종하는 공군중위였다. 밴플리트 중위는 아버지가 그리스 군사고문단장을 할 때도, 그곳에서 함께 근무한 적이 있다. 아버지를 따라 한국에 온 밴플리트 중위는 전사하기 불과 보름 전에 어머니에게 편지를 썼는데, 그것이 지금 명문(名文)으로 남아 사람들의 심금을 울리고 있다. 일명 '군인의 아내이자 군인을 아들로 둔 어머니께' 쓴 편지였다.

밴플리트 중위는 '군인의 아내에게' 바치는 말로 편지를 시작했다. 아버지가 군인으로서 그만큼 자랑스러웠기 때문에 첫 문장을 그렇게 시작했던 것 같다. 이어지는 편지에서 그는, "어머니의 눈물이 이 편지를 적시지 않았으면 합니다. 저는 자원해서 전투비행훈련을 받았고, 전투 간 B-26폭격기를 조종해 다른 승무원들(항공사, 폭격수, 기관총사수)과 함께 야간비행을 할 것입니다. 저는 모든 사람들이 두려움 없이 살 수 있는 권리를 위해 싸우고 계시는 아버지에게 조그마한 힘이 되어 주기 위해 한국에 왔습니다. 어머니, 저를 위해 기도하지 마시고, 위급한 상황에서 조국을 수호하기 위해 소집된 제 승무원들을 위해 기도해 주십시오. 그들 중에는 무사히 돌아오기만을 기다리는 아내가 있는 사람도 있고, 아직 가정을 이루지 못한 사람도 있습니다. 저는 최선을 다할 것입니다. 그것은 저의 의무입니다." 라고 끝을 맺었다. 이것이 어머니에게 쓴 아들의 마지막 편지였다.

밴플리트 중위는 어머니에게 편지를 쓴 후인 3월 19일, 제8군사령부로 아버지를 방문하고, 아버지의 60회 생신을 축하하며 케이크를 잘랐다. 그리고 실종되기 이틀 전인 1952년 4월 2일에는 아버지와 통화했는데, 그것이 마지막이 됐다. 밴플리트 중위는 1952년 4월 4일 새벽 1시 5분, B-26기를 타고 군산비행장을 이륙한 후 압록강 남쪽 80km 지점의 북한의 순천지역에 대한 야간폭격 임무를 부여받았다. 밴플리트 중위의 이날 출격은, 한국에서의 4번째 출격이자 처음으로 실시하는 단독 폭격임무였다. 그는 새벽 3시경 김포공항에서 미군 레이더에 잡혔고, 3시 30분에는 폭격할 주 표적이 구름에 가려져 새로운 표적을 부여받고, 그쪽으로 날아간 후 레이더에서 자취를 감췄다. 실종된 것이다. 밴플리트 중위는 공산군의 대공포화를 맞고 전사한 것으로 알려졌다. 이에 따라 밴플리트 중위는 대위로 추서됐다. 한미동맹친선협회는 2012년 6월, 한국의 자유 수호를 위해 전사한 밴플리트 대위의 60주기를 맞아 오산의 미 공군기지에 흉상을 건립해 추모했다.

밴플리트 장군은 10시 30분에 미 제5공군사령관 에베레스트(Frank Everest) 소장으로부터 아들의 실종소식을 보고받았다. 그럼에도 밴플리트 장군은 아들이 실종된 다음날인 4월 5일, 국군 제2군단 창설식에 아무 일도 없었다는 듯 참석했다. 그날 창설식 행사에는 이승만 대통령을 비롯하여 한미 주요 지휘관들이 참석했다. 행사가 끝난 후 밴플리트 장군은 아들의 실종사실을 담담하게 말해 참석자들을 놀라게 했다. 그만큼 공과 사를 구분할 줄 아는 군인이자 지휘관이었다. 밴플리트는 처음 보고를 받은 후, 아들이 실종된 것으로 알았다. 그러나 밴플리트 중위는 전사했다. 그것은 바로 한국전선에 중공군부사령관으로 참전한 홍쉐즈(洪學智)의 회고록에 의해 밝혀졌다. 홍쉐즈는 회고록에서, "밴플리트 장군의 아들이 탄 B-26기를 격추했고, 기체폭발로 조종사 잔해는 찾지 못했다."고 밝혔다. 밴플리트 중위는 야간폭격임무 중 적지 상공에서 장렬히 전사했던 것이다.

하지만 밴플리트 장군은 지휘관으로서의 의연함을 잃지 않고, 평상시처럼 근무했다. 하지만 그 가슴속에 아들을 잃은 슬픔이 어찌 없었겠는가! 다만 그 아픔과 슬픔을 내색하지 않고, 혼자 삼켰을 뿐이었다. 그러면서 아들을 찾기 위한 수색작전을 하지 못하도록 지시했다. 그걸로 인해 또 다른 희생자가 발생하는 것을 막기 위해서다. 밴플리트 장군다운 부하들에 대한 사랑과 배려였다. 그런 밴플리트 장군을 부하들은 존경하고 대한민국 국민들은 잊지 않고 있었다. 이로 인해 밴플리트 가문과 대한민국은 가슴 아프면서도 애절한 또 하나의 인연을 갖게 됐다.

아들 잃은 슬픔 대신
실종된 부모들을 위로하다

아들이 실종된 후에도 밴플리트 장군은 평상시처럼 주어진 일과를 수행했다. 하지만 밴플리트도 아들을 둔 한 가정의 아버지였다. 그는 부하들에게 아들의 훈련과 B-26전폭기의 특성, 그리고 적의 대공무기의 성능 등에 이것저것 물어봤다. 그것은 아들을 잃은 아버지의 마음이었다. 그럼에도 그는 시간이 흐름에 따라 그것마저 내색하지 않고 감추려 애썼다.

밴플리트 장군은 사령관실 벽에 걸려 있는 한국지도에서 아들이 실종된 곳으로 보이는 서울 북서쪽을 응시하며, 뭔가 골똘히 생각하고 있는 모습을 가끔씩 참모들에게 들키곤 했다. 말은 안하고 있었지만, 아들이 실종된 지역을 나름대로 헤아려 보고 있음이 틀림없었다. 아무리 군인이라고 해도 밴플리트도 사랑스러운 아들을 잃은 아버지였다. 다만 그것을 표현만 안하고 있을 뿐이었다. 밴플리트에게 아들의 실종(나중에 전사처리)은 믿고 싶지 않은 사실이었다.

그런 밴플리트와 부인 헬렌 여사를 위해 세계 각지에서 위로의 편지가 날아왔다. 300통에 달하는 편지가 답지했다. 그 중에는 이승만 대통령과 북대서양조약기구(NATO) 사령관 아이젠하워 원수의 편지도 있었다. 이승만 대통령은 대한민국을 누구보다 이해하고 도움을 주고자 했던 밴플리트의 개인적인 슬픔을 함께 나누고자 했다. 아이젠하워도 한국전선에서 싸우고 있는 아들을 생각해서 밴플리트를 위로했다. 그 당시 아이젠하워의 아들도 소령으로 참전하여 미 제3사단 대대장으로 복무하고 있었다. 밴플리트는 그들의 위로편지를 받고 답장을 했다.

　캘리포니아에 있던 헬렌 여사도 많은 사람들로부터 위로 방문과 편지, 그리고 전화를 받았다. 그 가운데 프란체스코 수도회의 스펠만 추기경은 헬렌 여사를 방문하고, 따뜻한 위로의 말을 전했다. 미국 시민들도 하나같이 자신의 아들을 잃어버린 듯이 슬퍼하며, 위로하는 것을 잊지 않았다. 밴플리트 부부에게 그들의 위로와 격려가 슬픔을 달래는데 많은 위안이 됐다.

　밴플리트는 그런 마음을 담아, 자신처럼 한국전선에서 아들을 잃어버린 미국의 부모들에게 위로 전문을 보냈다. 그는 전문에서 "저는 모든 부모님들이 저와 같은 심정이라고 믿습니다. 우리의 아들들은 나라에 대한 의무와 봉사를 하고 있었습니다. 오래전에 하나님께서 말씀하신 바와 같이 벗을 위하여 자신의 삶을 내놓는 사람보다 더 위대한 사람은 없습니다."라고 위로했다.

　밴플리트는 아들이 실종된 후 부인 헬렌 여사에게도 편지를 썼다. 그는 편지에서, "나는 전투 간 실종된 아들이 곧 발견되어 안전하게 우리 곁으로 돌아오리라는 희망을 간직하고 있소. 그는 오늘 새벽 (한국시각 4월 4일) 야간임무를 거의 완수하고, 평양 남쪽에서 마지막으로 무선교신 후 연락이 두절되었소. 서울 북서쪽의 큰 반도지역인 진남포와 해주사이에서 추락한 것으로 판단되오. 이러한 상황에서 조종사들이 구출된 경우가 많소. 또한 그가 충분한 체력과 능력이 있다는 것을 나는 알고 있소. 공군은 수색작업에 최선을 다하고 있소. 이번이 그의 네 번째 전투임무였소. 나는 지난 4월 2일 그와 통화했소. 그는 자기가 바라던 임무를 부여받아 매우 행복해 했소. 부디 당신께서는 의연하게 견뎌주기를 부탁하는 바이오."라고 아내를 위로했다.

밴플리트 장군은 아들이 실종된 후 미 제8군 장병들에게도 메시지를 보냈다. "나는 한국에 남아 있을 것이며, 여기에서 보다 큰일을 이룰 수 있도록 개인적인 노력을 다할 것입니다. 나의 아들은 충분한 능력이 있었고, 그가 바라던 직책을 부여받았습니다. 그는 유능한 조종사였고, 훌륭한 사격수였으며, 매우 재치가 있었습니다. 나는 나의 아들과 아프리카를 포함한 여러 곳으로 자주 사냥을 하러 다녔습니다, 그는 항상 자기 몫 이상을 해냈습니다. 실종된 4월 4일은, 그가 최후의 대 사냥을 하고 있던 중이었습니다. 기상 악화로 인하여 첫 번째 표적식별이 불가능하자, 그는 다른 곳에서 탐색을 계속하기로 결정했습니다. 나는 그를 잘 알고 있습니다. 그는 분명히 빈손으로는 돌아오지 않겠다고 결심했을 것입니다. 미 공군은 언제나 그렇듯이, 추락한 요원들을 찾기 위해서 광범위한 탐색을 실시하고 있으며, 이에 대해 진심으로 감사드립니다. 이것은 실로 나와 아내, 그의 젊은 가족 그리고 자매들에게 심한 충격입니다. 우리는 이 어려운 시기에, 그가 정의로운 임무를 수행 중에 있으며, 전능하신 하나님이 우리와 함께 하신다는 것을 알기에 힘이 생깁니다. 우리는 그가 무사히 우리 곁으로 돌아오리라는 희망을 가지고 있습니다."라고 말이다.

그렇지만 밴플리트의 아들은 중공군의 대공포에 맞아 북한 상공에서 전사했음이 나중에 밝혀졌다. 하지만 그때까지 밴플리트 중위는 실종으로 처리됐다. 미 공군은 대규모 병력과 장비를 동원해 밴플리트 중위에 대한 수색작전을 실시했다. 밴플리트는 이를 중지시켰다. 자신의 아들을 찾는 과정에서 또 다른 희생자가 발생해서는 안 된다는 것이 밴플리트의 생각이었다. 그 아들에 그 아버지였다. 밴플리트는 자신에게 부여된 임무를 훌륭하게 수행하다가 전사한 아들을 가슴속에 이미 묻어두고 있었다. 이후 밴플리트는 아들의 희생을 헛되이 하지 않는 길은 대한민국과 국군의 발전에 더욱 매진하는 것이라 여기고, 자신이 권한 내에서 할 수 있는 일을 찾아 한국에 도움이 되도록 노력했다.

아이스크림 때문에 목숨을 잃을 뻔한 헬기사고

밴플리트는 아이스크림을 너무나 좋아했다. 그는 그 일로 죽을 뻔하기도 했다. 때는 1952년 7월 말경이었다. 당시 밴플리트 장군은 미제8군사령관으로 백선엽이 지휘하는 동해안의 제1군단사령부를 방문했다. 그곳에는 미 제5순양함사령관 버크(Arleigh Burke) 제독도 와있었다. 미 제5순양함대는 국군 제1군단을 함포사격으로 지원하고 있었다. 버크 제독은 백선엽에게 자신은 '귀하의 포병지휘관'이라고 농담 삼아 말하곤 했다. 두 사람은 그만큼 친숙했다.

국군 제1군단사령부에서 브리핑이 끝나자 버크 제독은 밴플리트 장군이 아이스크림을 좋아한다는 사실을 알고 동해상에 떠 있는 자신의 기함(旗艦)인 로스앤젤로스 함으로 가자고 했다. 버크 제독은 자신의 함상에서 아이스크림 파티를 열 참이었다. 그곳은 제1군단 사령부에서 헬기로 15~20분밖에 걸리지 않는 거리였다. 밴플리트 장군은 버크 제독과 함께 해상의 함상까지 이동할 생각이었다.

그러나 밴플리트 일행을 태운 헬기가 함상으로 착륙할 때 헬기조종사가 너무 낮게 비행하는 바람에 함정과 충돌하는 사고가 발생했다. 그 충격으로 헬기는 함정의 난간에 매달린 채 휘발유를 흘리고 있는 위험한 상황에 처하게 됐다. 헬기가 폭발하게 되면, 그곳에 탔던 밴플리트 장군과 버크 제독의 안전을 장담할 수 없는 상황이었다. 그때 밴플리트는 재빨리 창문을 통해 헬기에서 탈출한 후, 버크 제독과 헬기조종사를 함상으로 끌어내렸다. 잘못했으면 커다란 사고로 이어질 뻔했던 아찔한 순간이었다. 그렇지만 두 장성은 당황하지 않고 평상시처럼 행동했다.

버크 제독은 밴플리트 장군에게 아무렇지도 않게 어떤 토핑을 원하는지를 물었다. 밴플리트도 태연하게 '파인애플'이라며 여유를 부렸다. 밴플리트는 장성 두 명을 죽일 뻔했던 조종사도 아이스크림 파티에 참석시켰다. 밴플리트는 목숨을 건 아이스크림 파티에서 1.8리터의 아이스크림을 먹었다. 밴플리트는 그날 먹은 아이스크림의 맛을 평생 잊지 못했던 것 같다.

아이스크림 파티가 끝나자, 이제는 함상에서 육지로 돌아와야 했다. 그런데 타고 올 헬기가 사고로 움직일 수 없었기 때문에 부득이 상륙정을 타고 육지로 이동해야 했다. 그런데 그때 해상에는 파도가 세차게 몰아치고 있었다. 이런 세찬 파도에 상륙정을 타는 것은 매우 위험했다. 그것을 눈치 챘는지 버크 제독은 세찬 파도를 보고 상륙정 장교에게 이러한 때 파도를 가르는 방법을 아느냐고 물었다. 그 젊은 장교는 상륙정에 대해 별로 아는 바가 없고, 다만 상륙정을 부두에 정박하는 훈련만을 받았다고 했다.

이때 버크 제독은 밴플리트 장군에게 의미심장한 말을 했다. "사령관님, 이제 미 해군에서는 거의 볼 수 없는 광경, 다시 말해서 해군 제독이 상륙정을 조정하는 장면을 목격하게 될 것입니다."라고 말한 후, 버크 제독은 상륙정의 키 손잡이를 잡고 엔진에 시동을 건 후, 파도를 가로 질러 상륙정의 뱃머리를 백사장에 정박시켰다. 눈 깜짝할 사이에 벌어진 일이었다.

백사장에 도착한 버크 제독과 밴플리트 장군은, 마치 태평양전쟁 때 맥아더 장군이 그의 참모들과 함께 필리핀의 레이테(Leyte)만에서 상륙했을 때처럼 물속을 걸어 나왔다. 두 장성의 호기와 여유로운 모습이 돋보이는 순간이었다. 1951년 7월 10일, 개성에서 휴전회담이 열렸을 때 버크 제독은 백선엽 장군과 함께 유엔군 측 휴전회담 대표로 참석했다. 버크는 1953년 아이젠하워 대통령에 의해 해군 소장에서 곧바로 대장으로 진급하여 해군참모총장을 6년간 역임했던 유명한 제독이다. 미국에서 건조한 신형 구축함(destroyer) 이지스(AEGIS) 형을 '알레이 버크'로 명명했다고 한다. 미 해군 역사상 생존해 있는 인물의 이름을 구축함에 명명한 것은 이것이 처음이었다.

3부

대한민국을
'제2의 조국'으로
여기며 헌신하다

백선엽의 장군 자질을 알아보고 발탁하다

대한민국 최초로 대장(大將) 계급장을 단 백선엽(白善燁) 장군과 밴플리트 장군은 그 인연이 매우 깊다. 백선엽 장군이 승승장구했던 데에는 밴플리트 장군의 영향력이 직간접적으로 작용했다고 봐도 과언이 아닐 것이다. 밴플리트는 백선엽의 군 인생에서 스승이자 선배와 같은 존재였다. 백선엽도 그런 밴플리트를 깍듯이 대했다. 두 사람은 28년이라는 나이 차이를 뛰어넘어 서로 신뢰하며 존경하게 됐다.

두 사람의 만남은 1951년 4월 14일, 밴플리트가 미 제8군사령관으로 부임하면서 시작됐다. 밴플리트가 부임할 당시 백선엽 소장은 국군 제1군단장이었다. 거의 같은 시기에 두 사람은 국군 제1군단장과 미 제8군사령관에 보직됐다. 밴플리트가 한국전선에 도착하여 제일 먼저 방문한 국군부대가 백선엽이 지휘하는 동해안의 제1군단이었다. 이후 두 사람은 전투를 통해 더욱 신뢰하게 됐다. 백선엽 장군이 그만큼 전투를 잘 했다는 의미다. 백선엽은 전투에서 단 한 번도 밴플리트를 실망시킨 적이 없을 정도로 국군에서 작전에 실패하지 않은 몇 명 되지 않은 장군 중의 한 사람이었다.

백선엽과 밴플리트 장군이 작전을 통해 얽힌 이야기는 수없이 많다. 백선엽은 1951년 중공군 5월 공세가 한창이던 무렵, 대관령 서쪽 용평에 위치한 국군 제3군단의 간이 활주로에서 만났다. 당시 상황은 중공군의 5월 공세로 현리지역에 종심 깊은 대돌파구가 형성되어 미군 수뇌부가 긴장할 때였다. 미 제8군은 이것이 잘못되면 중공군이 서울-강릉을 연결하는 경강(京江)도로를 차단하고, 국군과 유엔군의 전선을 동서로 분리하여 각개 격파함과 동시에 강릉으로 진출하여, 강릉비행장과 인근의 보급항인 주문진과 삼척 등을 점령할 것으로 판단했다. 이렇게 될 경우 서울 측방이 완전히 노출되어, 서울이 다시 적의 직접적인 위협에 놓이게 되고, 그 여파로 국군과 유엔군은 전선 조정을 위해 다시 37도선으로 물려나지 않으면 안 될 위급한 상황이었다.

그 때 밴플리트 장군은 미 제8군사령관에 임명된 지 얼마 안 된 때였다. 백선엽 장군도 밴플리트가 미 제8군사령관에 부임한 비슷한 시기인 1951년 4월 12일에 제1군단장에 임명됐다. 밴플리트와 백선엽은 군사령관과 군단장으로 부임한지 불과 1주일 만에 중공군의 대규모 공세라는 '혹독한 신고식'을 함께 치르게 됐다. 1951년 5월 21일, 밴플리트는 국군 제3군단 간이 활주로에서 주요 지휘관회의를 열었다. 이때 백선엽은 군단수석고문관 로저스(Glen Rogers) 대령과 미군 L-19기를 타고 제3군단의 간이 활주로에 도착했다. 그곳에는 미 제3사단 부사단장 라이딩스(Eugene Ridings) 준장이 사단장을 대신해 와 있었다. 얼마 후 밴플리트 군사령관과 작전참모 머제트(Gilman Mudgett) 대령이 2대의 L-19기를 나눠 탄 채 착륙했다. 이때 밴플리트 장군이 타고 있던 비행기가 적의 지상화포에 맞아 가솔린을 흰 연기처럼 뿜으며 내려오고 있었다. 그것은 마치 영화의 한 장면처럼 보였다. 그렇지만 밴플리트는 아무 일도 없었다는 듯이 태연하게 비행기에서 내렸다. 밴플리트의 담력을 보는 순간이었다.

밴플리트는 아랑곳하지 않고, 내리자마자 작전 지시부터 했다. 그는 작전참모 머제트가 펼친 두루마리 상황도를 보며, "제1군단은 대관령에서 서북방으로, 미 제3사단은 하진부리에서 동북방으로 공격하라!'고 짤막하게 지시했다. 그리고서, "적에게 최대한의 징벌을 가하라!'고 말했다. 이때 백선엽이 공격 시기를 묻자 "지체 없이 개시하라!'고 잘라 말했다.

지시를 받은 백선엽은 군단사령부로 복귀하자마자, 수도사단 제1연대를 대관령으로 급파하여 파도처럼 밀려오는 중공군을 격퇴했고, 미 제3사단은 경기도 광주의 경안에서 강원도 평창의 속사리까지 250km의 거리를 단 하루 만에 돌파하며 공격에 가담함으로써 위기를 극적으로 모면하게 됐다. 중공군의 5월 공세가 어느 정도 가닥을 잡아갈 무렵인 5월 25일, 밴플리트가 강릉비행장을 방문했다. 그곳에는 속초에 군단사령부를 둔 백선엽 장군과 정일권 육군참모총장 그리고 이준식(李俊植, 육군중장 예편) 육본전방지휘소장이 나와 있었다. 비행기에서 내린 밴플리트는 내리자마자 선 채로 정일권 총장을 향해 말했다.

"제너럴 정, 귀관은 대구로 돌아가시오. 이것으로 제3군단은 폐지합니다. 육군본부의 임무는 훈련과 인사, 군수, 행정, 훈련에 국한합니다. 국군 제1군단은 미 제8군의 지휘 하에 두며, 육본전방지휘소는 폐쇄하고, 국군 제3군단의 제3사단은 국군 제1군단에, 제9사단은 미 제10군단에 배속합니다."라고 말한 후 곧바로 돌아갔다.

밴플리트는 전투를 통해 능력을 인정받은 군인이었기 때문에 작전실패에 대해서는 누구보다 엄격했다. 대신 작전에 성공한 백선엽의 제1군단에 대해서는 무한한 신뢰를 보냈다. 그때부터 밴플리트는 백선엽을 신뢰하며 어려운 임무를 부여했다. 이때부터 밴플리트와 백선엽은 작전뿐만 아니라 국군 재건과 교육훈련 문제 등을 협의하기 위해 자주 만나면서 친숙한 관계를 유지하게 됐다. 밴플리트가 보기에 백선엽은 믿을 만한 국군 지휘관이었다. 전쟁의 흐름을 꿰뚫고 작전을 효과적으로 지휘할 줄도 알았고, 미군과의 연합작전도 비교적 잘 수행했으며, 어떤 임무를 주어도 기대 이상의 성과를 거두었다.

1951년 7월, 공산군 측과 유엔군 측 간에 휴전협상이 시작될 때 유엔군 휴전회담 대표로 백선엽 장군을 추천한 것도 밴플리트 장군이었다. 그만큼 그를 신뢰한다는 증거였다. 백선엽이 휴전회담 대표로 나갈 때 제1군단장 직을 그대로 겸임하고 있었다. 밴플리트는 제1군단의 전선 상황이 어렵게 되자, 백선엽 군단장을 다시 전선으로 복귀시켜 해결할 정도로 그의 지휘능력을 신뢰했다. 특히 휴전회담 이후, 지리산 일대의 공비들이 기승을 부리며 후방지역의 치안을 불안하게 하자, 그 지역의 공비토벌사령관으로 백선엽 장군을 임명했다. 당시 지리산 일대는 공비들의 준동으로 인해 공산주의자들의 해방구가 되면서, '낮에는 대한민국, 밤에는 인민공화국'이라는 말이

나돌 정도로 치안이 불안했다. 이에 이승만 대통령이 밴플리트 장군에게 공비토벌을 요청하게 됐다. 1951년 12월부터 4개월 간 지속된 공비토벌작전을 위해 백야전투사령부(白野戰戰鬪司令部)가 전북 남원에 설치되고, 사령부 예하에 국군 정예사단인 수도사단과 제8사단이 동원됐다. 지리산 공비토벌은 밴플리트가 기대했던 이상의 커다란 성과를 거두었다. 그리스에서 공산 게릴라 토벌을 경험했던 밴플리트는 백선엽 사령관에게 작전조언을 해주며 게릴라 토벌에 경험이 많은 미 군사고문관들을 파견해 작전에 도움을 줬다. 백선엽은 밴플리트의 신뢰와 기대를 저버리지 않고 이 작전을 성공시켰다.

밴플리트는 백선엽에게 또 다른 기회를 제공했다. 전투수행에 적합한 제2군단 창설의 임무를 백선엽에게 부여했다. 재창설되는 제2군단에는 군단장이 직접 운영할 수 있는 포병과 공병부대가 편성됨으로써 오늘날과 같은 국군 군단의 편제로 이뤄졌다. 미국 군단편제에 상응하는 최초의 국군 군단의 창설임무를 백선엽에게 부여한 것이다. 백선엽은 재창설되는 제2군단을 이끌고 1952년 7월까지 중동주전선의 금성천 일대에서 혁혁한 전공을 세웠다.

밴플리트 장군의 기대에 부응한 백선엽 장군은 1952년 7월, 제7대 육군참모총장에 임명됐다. 육군참모총장 임명을 받고, 밴플리트 장군에게 이임인사를 간 자리에서 백선엽은 어떻게 총장직을 수행하면 좋겠는가를 물었다.

두 사람은 그 정도로 믿고 신뢰하는 사이가 됐다. 두 사람의 공통점은 전투를 통해 지휘관으로서 인정을 받고, 짧은 기간에 고속 승진했다는 점이다. 밴플리트가 대령에서 대장까지 올라가는 데 7년 걸린 데 비해, 백선엽은 대령에서 대장까지 올라가는 데 그보다 훨씬 짧은 4년밖에 걸리지 않았다. 두 사람 모두 전쟁이 일어난 다음에 전투지휘관으로 인정을 받아 그렇게 된 것이다. 그 이면에는 전투에 대비하여 철저히 훈련하고, 부하들을 사랑한다는 공통점이 있었다. 그리고 두 사람은 전투에서는 반드시 승리했다.

백선엽 장군의 질문에, 밴플리트는 "가급적 말을 적게 하고, 부하들의 말을 많이 듣되, 중요한 결정은 바로 결정을 내리지 말고, 하루 밤을 생각한 다음 결정하라."고 충고했다. 백선엽은 군대생활을 하면서 밴플리트의 그때의 충고를 잊지 않고 실천했다. 백선엽의 육군 총장 임명에는 밴플리트의 장군의 추천이 있었던 것으로 알려졌다. 밴플리트는 성실하고 전투 잘하는 지휘관을 최고로 여겼다. 거기에 해당되는 국군지휘관이 백선엽이었다. 그런 백선엽을 밴플리트가 이승만 대통령에게 추천했음은 어쩌면 당연한 것이었다. 1953년 1월 31일, 백선엽 장군은 대한민국 건군사상 최초의 대장(大將) 계급장을 달았다. 당시 국군의 입장에서는 대장 계급은 시기상조라는 분위기였다. 미 제8군사령관도 부임할 때는 중장으로 왔다가 6개월 정도가 지나야 대장으로 진급하는 것이 관례였다. 리지웨이도 그랬고, 밴플리트도 그랬다. 밴플리트도 1951년 4월에 부임해서 그해 8월에 대장이 됐다. 그런데 이승만 대통령은 백선엽 장군을 대장으로 진급시켰다. 처음 부임해 온 미 제8군사령관보다 상위 계급이었다. 그것은 이승만 대통령 특유의 독단이었으나, 그 이면에는 국군의 발전을 위한 밴플리트 장군의 조언이 있지 않았을까 싶다. 그때 밴플리트는 이임을 불과 보름 정도 남겨 두고 있는 시점이었다.

이렇듯 밴플리트는 백선엽의 전공을 높이 평가하고, 이승만 대통령에게 국군의 발전과 그의 진출에 대해 조언을 아끼지 않았을 것으로 보인다. 밴플리트라면 충분히 할 수 있는 일이었다. 여기에는 밴플리트와 이승만 대통령과의 관계, 그리고 밴플리트의 대한민국 국군에 대한 애정과 발전을 위한 열의가 있었다. 그런 점에서 밴플리트는 백선엽을 진정으로 이해하고 알아준 상관이자 전우였다. 백선엽 장군은 그러한 밴플리트 장군을 영원히 잊지 못한다고 회고한 바 있다. 2010년 백선엽 장군이 밴플리트 상을 수상한 것도 두 사람의 깊은 인연이 결실을 맺은 것으로 보여 진다.

군사학교 재설치와
국군 장교의 미국 유학 추진

6.25전쟁 초기 얼마 되지 않은 국군의 군사학교들은 북한군의 남침으로 대부분 파괴되어 폐교됐다. 밴플리트는 미 제8군사령관으로 부임한 이후, 이승만 대통령에게 파괴되었거나 유명무실해진 군사학교들을 재설립하여 미 군사고문단들에게 교육을 받게 하자고 건의했다. 이승만 대통령은 밴플리트의 이러한 건의를 받아들여 1951년 8월에 육군보병학교, 육군포병학교, 육군통신학교 등 각종 군사학교를 총괄하는 육군교육총감부(陸軍敎育總監部)를 설치하고, 국군 장교들의 교육을 강화해 나갔다.

또한 1951년 12월에는 이종찬(李鍾贊) 육군참모총장과 협의하여 고급 지휘관들을 대상으로 미국식 지휘학과 참모학 등을 가르치는 육군대학을 대구에 창설했다. 육군대학은 곧 경남 진해로 이전하여 국군 영관 및 장관급 장교 등 고급장교의 전략과 전술을 가르치는 군내 최고의 군사교육기관으로 발전하게 됐다. 육대총장은 초대 육군참모총장을 역임한 이응준(李應俊) 장군이 맡다가 이종찬 장군이 육군참모총장 직에서 물러나면서 1960년 4.19가 일어날 때까지 오랫동안 그 직책을 수행했다. 당시 육군대학은 박정희 장군을 비롯하여 장차 군을 이끌고 나갈 고급장교들을 배출했다.

밴플리트는 여기서 그치지 않았다. 국군장교의 질적 향상을 위해서는 미국 유학이 필요하다고 판단하고, 이를 추진했다. 당시 국내의 경제사정으로는 어림없는 일이었으나, 밴플리트는 국군장교의 자질향상을 위해 전시임에도 불구하고, 이러한 조치를 과감히 취했다. 밴플리트는 먼저 미군의 선진 군사학을 현지에서 교육받도록 하기 위해 장교 250명을 선발하여, 1952년 9월에 미국으로 유학을 보냈다. 조지아 주 포트베닝(Fort Benning)의 미 육군보병학교에 150명이 입교하고, 포트실(Fort Sill)의 미 육군포병학교에 100명이 입교하여 단기교육을 받았다. 이들에 대한 교육성과가 좋게 나오자, 모든 국군 장교를 대상으로 확대됐다. 이때부터 세계 최강의 미군 교육시스템이 국군에 이식되는 계기가 됐다. 이를 계기로 국군장교들은 미군과 어깨를 나누며 싸울 수 있게 됐다. 이 모두가 밴플리트의 선견지명이 있었기 때문에 가능한 일이었다.

또한 밴플리트 장군에 의해 사단장급 이상 고위 장성들도 캔자스 주 레븐워쓰(Leavenworth)에 있는 미 지휘참모대학에 1년 과정으로 유학을 보냈다. 나이에 비해 계급과 직책이 높았던 국군 고급장교들의 지휘역량을 배양하기 위한 밴플리트 장군의 배려였다. 육군참모총장을 마친 정일권(丁一權) 장군도 중장계급장을 달고 지휘참모대학을 다녔다. 미군들은 주로 소령들이 다니던 시절이다. 서로가 불편했다. 그래서 미군에 비해 계급이 높은 국군 장교들은 계급을 낮춰가며 교육을 받는 해프닝도 있었다. 그렇지만 국군장성들은 그런 것에 구애받지 않고, 오로지 배우는데 열중했다. 장군에 이어 나중에는 국군 영관급 장교들도 지휘참모대학에 유학을 가게 됐다.

미 지휘참모대학에는 육군참모총장을 마친 정일권 장군과 이종찬 장군을 비롯하여 유재흥, 송요찬, 최영희, 백인엽, 김종오, 민기식, 정내혁, 박병권 장군 등 대한민국의 기라성 같은 장군들이 나왔다. 백선엽 장군은 1953년 5월, 육군참모총장 재직 시 미군 측의 배려로 단기 집중코스를 받았다. 백선엽 장군 1명을 대상으로 미 지휘참모대학 전 교관들이 집중적으로 가르친 셈이다. 이들이 대한민국을 수호하고, 전후 국군을 발전시켜 나간 주역들이었다.

국군 사단에 대한 집중훈련과 육군 20개 사단 증편 추진

이승만 대통령은 맥아더 원수, 리지웨이 장군, 밴플리트 장군에게 국군을 20개 사단으로 증강해야 된다고 끊임없이 요구했다. 이승만 대통령의 이러한 요구를 실현시켜 준 것은 밴플리트 장군이었다. 그렇지만 밴플리트 장군은 국군 증강에 앞서 국군지휘관들의 지휘능력을 향상시켜야 한다고, 이승만 대통령을 설득했다. 그는 국군의 장기발전을 위해서는 유능한 장교들을 발굴하여 양성하는 것이 급선무라고 생각했다. 그런 이유로 먼저 장교들을 재교육하는데 많은 시간과 공을 들였다.

　6.25전쟁이 발발하자, 이승만 대통령은 맥아더 원수를 비롯한 미군 측에게 "우리에게는 100만 명의 용감한 젊은이들이 있다. 미군이 무기와 장비만 제공하면, 즉시 전투에 투입할 수 있다."며 국군을 20개 사단으로 증편해야 된다고 요구했지만, 번번이 거절당했다. 한국을 잘 이해하는 밴플리트 장군도 처음에는 그 요구에 적극적인 반응을 보이지 않았다. 그것은 국군증강보다 지휘관들의 자질을 향상시키는 것이 우선이라고 생각했기 때문이다. 밴플리트가 이렇게 판단한 데에는, 중공군의 공세 때마다 국군이 무기와 장비를 버리고 후퇴하는 모습을 보여, 미군 지휘부의 신뢰를 잃었기 때문이다. 따라서 미군 지휘부는 무기와 장비보다는 먼저 국군의 능력과 자질을 높이는 것이 우선이라고 판단했다. 밴플리트도 국군을 강하고 안정적인 군대로 육성하여 한국전선을 스스로 지키게 하려면, 국군의 체질을 기초부터 바꾸는 집중적인 훈련이 필요하다고 생각했다.

이에 따라 밴플리트 장군은 국군을 체질부터 바꾸기 위해 대대적인 교육훈련을 실시했다. 밴플리트가 국군에게 실시한 훈련방식은 치밀하게 추진됐다. 밴플리트는 강원도 양양 등지에 야전훈련사령부(Field Training Center, FTC)를 설치하고 미 군단들로 하여금 전선의 국군 10개 사단을 차례로 불러들여 9주 동안 혹독한 훈련을 실시하게 했다. 이를 위해 밴플리트는 미 제9군단 부군단장 크로스(Thomas Cross) 준장을 책임자로 하고, 훈련경험이 있는 150여명의 미군 장교와 부사관으로 하여금 국군사단 훈련을 담당하도록 했다.

훈련대상은 사단장을 비롯한 장교와 병사들이 모두 포함됐다. 훈련은 기본적인 무기사용법에서부터 전술훈련에 이르기까지 다양했다. 그러면서도 모든 훈련은 반드시 단계별 테스트 과정을 거치도록 했다. 부대훈련은 분대훈련부터 시작하여 소대, 중대, 대대별로 실시한 후, 요구하는 수준에 도달하지 못하면, 처음부터 다시 훈련을 시키는 철저한 성과위주 훈련방식이었다. 반드시 훈련 후 시험에 합격해야만 전방에 투입시켰다.

그뿐만 아니라 밴플리트는 국군 제2군단 창설 때에는 맞춤형 교육을 실시했다. 1952년 4월, 국군 제2군단을 다시 창설할 때, 밴플리트는 미 제9군단 장교들을 투입하여, 재창설되는 제2군단 장교들에게 일대일로 맞춤형 교육을 실시했다. 전투 병과뿐만 아니라 정보, 인사, 병참, 통신, 수송, 공병 등 모든 분야에서 일대일 현장위주 교육훈련을 실시했다. 그렇게 해서 오늘날 국군 제2군단이 창설됐다. 1952년 4월 5일에는, 이승만 대통령을 비롯하여 밴플리트 군사령관, 제2군단장 백선엽 장군 등 한미 양국의 군 수뇌부가 모여 창설식을 가졌다. 밴플리트 장군은 그 전날 아들이 실종되었음에도, 슬픔을 감추고 태연하게 이 행사를 마쳐 주위를 놀라게 했다.

밴플리트는 국군의 모든 사단에 대한 집중훈련을 끝마치게 되자, 이승만 대통령을 도와 본격적인 국군 증강에 나섰다. 밴플리트는 과학적이고 조직적인 프로그램에 의해 다시 훈련된 우수한 국군 병력을 근거로 미 극동군사령부와 워싱턴에 국군 사단 증설에 대한 승인과 재원을 요청했다. 국군 20개 사단 창설 요구는 미 육군부의 승인을 얻어 밴플리트가 미 제8군사령관으로 근무하는 동안 가시적인 성과를 내게 됐다. 밴플리트의 군사령관 재임 당시 4개 사단(제12, 제15, 제20, 제21사단)이 창설되어 전선에 배치됐다.

밴플리트와 이승만 대통령이 추진한 20개 사단 창설을 살펴보면 다음과 같다. 1952년 11월 18일에 제12사단과 제15사단, 1953년 2월 9일에 제20사단과 제21사단, 1953년 4월 21일에 제22사단과 제25사단, 1953년 6월 18일에 제26사단과 제27사단, 그리고 1953년 11월 18일에 제28사단과 제29사단이 창설됐다. 이로써 대한민국 육군은 20개 전투사단을 보유하게 됐다. 밴플리트가 없었으면 불가능한 일이었다. 이것이 결국 오늘날의 대한민국 육군의 근간을 이루게 됐다.

대한민국에 4년제 육군사관학교 설립 추진

6.25전쟁이 일어나자 육군참모총장이었던 채병덕(蔡秉德) 장군은 당시 재학 중이던 생도1기와 생도2기를 전선에 투입하여 많은 인명피해를 입었다. 이후 육군사관학교는 육군보병학교와 통합되어 육군종합학교가 되면서 폐교되는 운명을 맞이했다. 1950년 8월의 상황이었다. 육군종합학교는 1950년 8월 15일 창설되어 이듬해인 1951년 8월 18일 폐교되면서, 육군사관학교가 다시 개교하게 됐다. 육군종합학교는 약 7,200명의 육군소위를 임관시켜 부족한 소대장 요원을 충당했다.

  밴플리트 장군은 미 제8군사령관으로 부임한 후 국군을 증편하겠다는 생각을 하게 됐다. 이를 위해 그는 우수한 젊은 지휘관들을 많이 양성해야겠다는 필요성을 절감하고, 그 일환으로 미국의 웨스트포인트와 같은 4년제 육군사관학교를 대한민국에도 설립해야겠다는 생각을 하고, 이를 적극 추진하게 됐다.

이후 밴플리트 장군은 이승만 대통령과 리지웨이 유엔군 사령관, 그리고 워싱턴의 실력자들에게 국군에 절대적으로 부족한 우수한 지휘관들을 확보하기 위한 4년제 육군사관학교의 청사진을 그렸다. 그는 미 육군사관학교를 모델로 대한민국 육군사관학교의 조직기구를 구성했다. 그 당시 밴플리트의 두 사위인 맥크리스천 중령과 맥코넬 중령이 웨스트포인트에 근무하고 있어 많은 도움이 됐다. 그는 사위인 맥크리스천 중령을 통해 대한민국 육군사관학교 설립에 필요한 웨스트포인트의 교육과정과 훈련내용 등에 대한 자료를 제공받아 사관학교 설립에 활용했다.

밴플리트 장군은 육군사관학교 교장 안춘생(安椿生, 1912-2011, 육군 중장 예편) 장군이 미 육군사관학교를 충분히 시찰할 수 있도록 사위인 맥크리스천 중령으로 하여금 안내하도록 부탁했다. 그는 마치 자기 조국의 사관학교를 설립하는 것처럼 열과 성을 다했다. 대한민국 육군사관학교 재창설에는 밴플리트의 노력과 손길이 가지 않는 곳이 없을 정도였다.

밴플리트 장군의 이러한 노력으로 6.25전쟁 발발이후 폐교됐던 육군사관학교는 1951년 10월 30일, 경남 진해에서 다시 개교하게 됐다. 그리고 1952년 1월 20일, 마침내 제11기생들이 입교했다. 여기에는 장차 대한민국 대통령이 될 전두환(全斗煥) 생도와 노태우(盧泰愚) 생도가 들어왔다. 노태우 대통령은 1992년 밴플리트 장군이 서거했을 때, 대한민국 국민을 대표하여 애도전문을 보냈다. 밴플리트가 재창설한 육군사관학교 4년제 1회 졸업생인 노태우 생도가 그가 죽었을 때, 한국의 대통령이 되어 애도를 표시한 것이다. 그것 또한 밴플리트와 대한민국과의 뗄 수 없는 인연이라 할 수 있을 것이다.

새로 창설된 육군사관학교는 4년제 학제로 개편한 이후의 첫 입학생이다. 제11기생들은 첫 4년제 정규 사관생도에 걸맞게 선발과정에서 경쟁도 치열했다. 그만큼 우수한 자원들이 응시했다는 것을 반증하고 있다. 1952년 10월 30일 오후 2시, 진해에서 육군사관학교 재창설 1주년 기념식이 열렸다. 이날 기념식에는 이승만 대통령을 비롯하여 신태영(申泰英) 국방부 장관, 백선엽(白善燁) 육군참모총장, 클라크(Mark W. Clark) 유엔군 사령관 등 한미 양국의 군 수뇌부가 총출동했다. 그 가운데에 육군사관학교 창설의 주역을 맡았던 밴플리트 장군도 참석했다. 밴플리트는 자신이 추진해 설립된 4년제 육군사관학교 첫 입학생인 제11기생들의 늠름한 모습에 누구보다 감회가 새로웠다.

백선엽 장군도 밴플리트의 육군사관학교 창설에 대해 "밴플리트 장군의 한국에서의 가장 위대한 유산은 대한민국 육군사관학교 설립이다. 그는 이승만 대통령에게 국군의 장기적인 전문성 창출을 위해서는 미 육군사관학교와 같은 사관학교가 필요하다고 설득했다. 그리고 1952년 진해에 육군사관학교를 창설하는데 지대한 공헌을 했다."며 기억을 더듬었다.

밴플리트와 한국정부는 육군사관학교 생도 교육의 질적 향상을 위해 많은 노력을 기울였다. 사관학교를 다시 열었지만 부족한 것이 많았다. 생도들을 가르칠 우수한 교수진의 확보가 문제였다. 사관학교의 교수진은 먼저 장교들 중에서 대학교에서 교편을 잡았던 장교들을 선발했고, 그래도 부족한 교수요원은 부산에 피난 중이던 서울대학교 교수들을 초빙하여 보강했다. 이러한 교수진 밑에서 제11기 생들은 국어, 영어, 수학, 국사, 일반교양을 배우며 엘리트 장교로서의 소양을 길렀다. 비록 전쟁 중이었지만, 우수한 장교를 양성하려는 이승만 대통령과 밴플리트 장군의 의지가 엿보이는 대목이다.

육군사관학교 생도들은 학과교육과 함께 군사학교육도 받았다. 군사학교육은 기초 군사훈련, 학기 중에 이뤄지는 군사학교육, 그리고 하기 군사훈련으로 나뉘어 실시됐다. 1학년은 학교에서 군사학교육을 받았지만, 2학년 이상은 육군 안에 있는 각 병과학교와 타군을 순회하며 위탁교육을 받았다. 생도들은 매주 중대별 또는 구대별로 운동시합을 실시하며, 체력단련에도 힘썼다. 육군사관학교는 해를 거듭할수록 내실을 기하며 발전했다.

밴플리트는 전역 후, 자신이 전시 중에 애써 만든 육군사관학교 첫 졸업생들의 임관식을 보기 위해 미국에서 건너왔다. 1955년 9월 23일, 밴플리트는 김포공항에 도착해 손원일(孫元一) 국방부장관과 정일권(丁一權) 육군참모총장의 환대를 받았다. 1955년 10월 4일, 태릉의 육군사관학교에서 첫 졸업생인 제11기생 156명의 졸업식이 거행됐다. 밴플리트 장군은 축사에서, 대한민국 육군의 무궁한 발전과 영광을 축원하며, 제11기 졸업생들의 무운을 빌었다. 실로 감격적인 순간이었다.

하지만 밴플리트가 보기에 육군사관학교는 부족한 것이 많았다. 그는 또 다시 육군사관학교를 위해 나섰다. 그는 세계 각지의 친구들로부터 기금을 모집하여 육군사관학교를 지원했다. 그 결과 1958년 6월 16일, 육군사관학교 도서관(240평 규모의 단층 건물)을 개관하게 됐다. 이 도서관은 미 제8군 장병들이 각출한 19만 달러와 밴플리트의 개인 출연금으로 설립됐다. 밴플리트의 적극적인 지원이 없었다면 있을 수 없는 일이었다. 밴플리트가 "대한민국 육군사관학교의 아버지"라는 호칭을 받을만한 충분한 이유가 여기에 있다.

미 제8군사령관 임기를 마치고
한국을 떠나다

1953년 2월 11일 밴플리트 장군은 미 제8군사령관의 지휘권을 신임 사령관 테일러(Maxwell Taylor) 육군 중장에게 넘겼다. 이로써 그는 22개월간의 한국전선에서의 야전사령관 임무를 성공적으로 마치고, 가족들이 기다리고 있는 미국으로 돌아가게 됐다.

미 제8군사령부 연병장에서 거행된 밴플리트 장군의 이, 취임식에는 이승만 대통령을 비롯하여 한미 양국의 군 수뇌부가 대거 참석했다. 이 자리에서 대한민국 정부는 이임하는 밴플리트 장군에게 최고무공훈장인 태극무공훈장을 수여해 그동안의 전공을 치하했다. 그는 이임식 다음날인 1953년 2월 12일 한국을 떠났다.

밴플리트는 미국으로 가는 도중 하와이에 들려 미 육군태평양사령관 오다니엘(O'Daniel) 장군을 만나 회포를 풀었다. 오다니엘 장군은 밴플리트 밑에서 제1군단장을 역임했다. 밴플리트는 부인 헬렌 여사와 하와이의 해변을 거닐며 오랜만의 휴식을 즐겼다. 하와이에서 짧은 휴식을 마친 후, 그는 미국으로 갔다.

미국에서는 밴플리트의 전역식이 기다리고 있었다. 미국에 도착한 밴플리트는 사회 각계로부터 전쟁영웅으로서 융숭한 대접을 받았다. 백악관에서는 아이젠하워 대통령이 밴플리트에게 수훈훈장을 수여했다. 펜타곤을 방문한 그는 브래들리 합참의장과 콜린스 육군참모총장을 만났고, 국무부를 방문하여 덜레스(John F. Dulles) 장관과 환담을 나눴다. 그날 저녁에는 콜린스 육군총장이 마련한 총장공관 만찬에 부인과 함께 참석했다. 가는 곳마다 그동안의 노고를 치하하며 밴플리트를 환영했다.

1953년 3월 7일, 밴플리트는 백악관으로 아이젠하워 대통령을 예방하고, 한국전에서 승리할 수 있음을 대통령에게 설명했다. 아이젠하워 대통령은 윌슨 국방장관에게 밴플리트의 말을 검토해 보도록 지시했다. 윌슨 국방장관은 밴플리트와 함께 한국에서의 전쟁 상황에 대한 모든 가능성을 열어 놓고 검토한 끝에, 그의 의견을 받아들이겠다고 했다. 하지만 덜레스 국무장관이 여기에 제동을 걸었다. 그는 밴플리트에게 한국전은 이미 휴전협상을 통해 종결할 것이라며 그의 말을 부정했다. 그럼에도 밴플리트는 한국전에서의 군사적 승리에 대한 자신의 의견을 철회하지 않았다. 의회에 출석한 밴플리트는 또 다시 한국전에서 승리할 수 있음을 강조했다. 그러나 당시 미국 국민들은 한국전의 종식을 원했고, 아이젠하워 대통령도 한국전의 종식을 내걸고 대통령에 당선됐기 때문에, 그 문제는 더 이상 여론의 주목을 받지 못했다.

밴플리트의 한국전에서의 군사적 승리 주장은 그의 끊임없는 노력에도 불구하고, 미국의 휴전정책에 막혀 무위로 끝나게 됐다. 밴플리트에게 점차 다가온 것은 전역식이었다. 1953년 3월 17일, 밴플리트 대장은 38년간의 군 생활을 마감하고 전역했다. 밴플리트 대장의 전역식은 워싱턴 근교의 맥네일(McNeil) 기지에서 자신이 소위 임관 후 최초 근무했던 미 제3보병연대가 주관하여 거행됐다. 미 제3보병연대는 밴플리트의 장례식 때도 행사를 주관했던 부대로 밴플리트의 군대생활의 처음과 끝, 그리고 마지막 길을 배웅하였다. 전

**이승만 대통령으로부터 건국공로훈장을 수여받은
밴플리트 장군의 국기에 대한 경례**

역식에는 법무부장관, 체신부장관, 육군장관, 해군장관, 대법관 5명, 상원의원 20명, 하원의원 37명, 펜타곤에서는 콜린스 육군참모총장을 비롯하여 17명의 육군 장성들이 참석해 대성황을 이루었다.

아이젠하워 대통령은 '군내의 가장 유능한 장군'이라는 축하전문을 보냈다. 밴플리트가 전역한 후, 아이젠하워 대통령은 이승만 대통령이 반공포로 석방이라는 강수를 두며 미국이 주도하는 휴전협상에 찬물을 끼얹자, 이승만 대통령과 친분이 두터운 밴플리트 장군을 주한 미국대사로 보내 이승만 대통령이 휴전에 반대하지 못하도록 하려고 했다. 아이젠하워는 이를 위해 중앙정보국장 스미스 장군을 보내 밴플리트에게 주한 미국대사를 맡아 이승만 대통령을 설득할 것을 제안했다. 하지만 밴플리트는 스미스에게 "자네는 내가 절대로 할 수 없는 일을 강요하고 있다."며 거절했다. 이유는 "이승만 대통령이 왜 휴전을 반대하고 있는지를 잘 알고 있는 내가, 어떻게 휴전을 받아들이라고 설득할 수 있겠느냐."는 것이었다. 밴플리트는 무엇 때문에 이승만 대통령이 휴전을 반대하는지를 잘 알고 있었다. 이승만 대통령은, 한미상호방위조약 등 전후 보장이 없는 휴전은 절대 받아들이지 않겠다는 것이었다. 밴플리트는 이승만의 이런 마음을 잘 알고 있었다.

밴플리트는 1953년 2월 12일 비록 대한민국을 떠났지만, 그의 마음은 여전히 한국에 남아 있었다. 그것은 그가 한국을 떠난 뒤에도, 이승만 대통령과 대한민국을 위해 변함없이 한국의 입장을 지지하고 옹호해 줬기 때문이다. 그런 점에서 그는 여전히 미 제8군사령관이자, 미국에서 한국의 이익을 대변하는 '이승만 대통령의 특사'로서의 역할을 수행했다.

밴플리트 장군의
미 제8군 장병들에 대한 고별사

미 제8군 장병 여러분들에게 작별인사를 고하는 것은 본인에게 매우 힘든 일입니다. 처음부터 여러분들은 미 제8군의 충성스런 부대원들로 1951년 4월, 본인이 미국에서 비행기로 한국에 도착한지 8일 만에 공산군이 한국에서 대규모 전투를 벌이자 여러분들은 일치단결하여 수도 서울을 지켰습니다. (중략)

두 달 후 여러분들은 공산군이 휴전회담에 응하도록 만들었습니다. 왜냐하면 그들은 전투에서 패배했고, 그들은 그것을 알았기 때문입니다. 본인은 여러분께서 제가 요구한 모든 것을 수행하는데 보여준 여러분들의 충성심, 적극적인 헌신, 애국심에 대해서 마음속으로부터 우러나오는 감사의 말씀을 드립니다. 조국의 부름을 받은 여러분 모두는 제8군을 미 육군 역사상 가장 훌륭한 부대로 만들었습니다. (중략)

본인은 새로 부임하는 사령관인 테일러 장군이 여러분의 이상을 높이 지켜줄 것이며, 여러분도 그동안 저에게 보여준 충성심과 헌신을 신임 사령관에게 보여줄 것으로 확신하고 있습니다. 감사합니다. 안녕히 계십시오.

밴플리트 장군이 대한민국 국민들에게 보내는 고별 메시지

우리 모두는 살아가면서 친구들에게 작별을 고하고, 사랑하는 집을 남겨둔 채 떠나야 할 때가 있습니다. 이는 본인이 1951년 4월, 미국을 떠나서 한국으로 향했을 때 저에게도 일어났습니다. 그러나 여러분은 본인에게 우정을 보여주었으며, 여러분 마음속으로부터 우러나오는 사랑으로 저에게 새로운 안식처를 만들어 주었습니다.

존경하는 이승만 대통령 각하로부터 가장 평범한 시민에 이르기까지 대한민국 국민 모두가 본인이 추진한 모든 것들을 적극적으로 지원해 주었습니다. 본인은 제 과업을 수월하게 해 주시고 제 부담을 덜어주신 여러분 모두에게 감사를 드리고 싶습니다.

이제 본인은 한국인 친구들에게 작별을 고하고, 제 고국으로 돌아가야 할 때가 온 것 같습니다. 여러분 곁을 떠난다는 것이 저에게는 무척 마음이 아픈 일입니다. 또한 저에게 부여된 임무를 완료하지 못하고, 떠나는 것이 마음에 걸립니다. (중략)

본인은 신임 테일러 장군이 본인처럼 한국 국민과 부대원들을 사랑하게 될 것이며, 또한 여러분 모두도 테일러 장군을 사랑하고 존경하게 될 것으로 믿습니다. 따라서 여러분 모두는 모든 역량을 발휘하여 함께 노력함으로써 사랑하는 조국에 평화와 자유를 안겨 줄 수 있을 것입니다. 본인은 진심으로 이러한 평화와 자유가 여러분의 조국과 함께 하기를 기원하며, 여러분의 삶이 행복으로 충만하기를 기도하겠습니다.

밴플리트 장군의 한국에서의 고별 기자회견

본인의 재임기간 중 가장 중요한 작전은 1951년 4~5월, 10~11월 두 차례에 걸쳐 공산군을 격퇴하는 일이었습니다. (중략) 가장 좋은 기회를 놓친 때는 우리가 1951년 가을, 공산군의 방어선을 붕괴시 켰을 때입니다. (중략) 그 당시에 대규모 공세를 취했더라면 분명히 성공했을 것입니다.

본인은 공산군의 어떠한 공격도 분쇄할 수 있는 출중한 부대를 두고 이렇게 떠납니다. 본인은 한국군의 밝은 미래를 기대합니다. 한국군은 방어선 어느 곳이든 사수할 수 있고, 다른 어떤 유엔군과 비교해도 손색이 없을 만큼 적진을 무너뜨릴 수 있는 저력을 보여 주었습니다.

우리가 이 지구상에서 공산주의와 타협하는 일은 결코 없을 것입니다. 공산주의자들의 세계 적화 야욕을 계속되고 있으며, 한국전은 그 일부분에 지나지 않습니다. 본인은 제 아들의 생존에 대한 희망을 포기해 본 적이 없습니다. 감사합니다.

전역 후에도 대한민국과 군을 위해 계속 노력하다

밴플리트는 대한민국에 도움이 되지 않은 일이라면 자신의 출세도 걷어찼다. 대신 대한민국에 도움이 되는 일이라면 무엇이든지 했다.

전역 이후 한국을 떠난 다음에도 밴플리트는 이런 저런 이유로 한국을 자주 방문하며 도움이 되는 일을 찾아했다.

1953년 8월 27일, 밴플리트가 한국을 방문했다. 전역 후 한미재단 이사장에 취임한 그는 한국경제의 재건을 돕기 위한 원조 프로그램을 조정하기 위해 미국의 사업가들을 대동하고 왔다. 밴플리트가 한국에 오면 육군본부에서는 차량과 부관을 제공하며 편의를 제공했다. 대한민국을 위해 힘쓴 밴플리트에 대한 한국정부와 군이 할 수 있는 조그마한 성의이자 배려였다.

이후에도 밴플리트의 한국방문은 계속됐다. 1954년 5월 6일, 밴플리트 장군이 부인과 함께 여의도공항에 도착했다. 이번에는 아이젠하워 미국 대통령의 특사로 왔다. 이승만 대통령과 프란체스카 여사가 직접 공항에 나가 밴플리트를 맞았다. 언제나 변함없는 두 사람의 우정이었다.

밴플리트의 한국방문은 아이젠하워 대통령의 배려였다. 밴플리트와 웨스트포인트 동기생인 아이젠하워 대통령은 밴플리트 장군에게 행정부 자리를 마련해 주지 못한 것에 대해 미안하게 생각하고 있었다. 그러던 차 밴플리트에게 미 대통령 특별대사 자격을 부여하여 극동지역의 군사원조를 조사하는 단장에 임명했다. 극동지역 군사원조조사단은 대한민국을 포함하여 일본, 대만, 필리핀, 호주, 뉴질

랜드 등 미 군사고문단이 파견돼있는 국가들을 방문하여 향후 미국이 그들 국가에 얼마만큼의 군사원조를 해야 하는지를 판단하는 직책이었다.

밴플리트는 이 임무를 수행하기 위해 한국을 찾은 것이었다. 밴플리트는 한국을 제일 먼저 방문하고, 국군의 전력증강에 도움을 주는 역할을 했다. 조사를 마치고 미국으로 돌아간 밴플리트는, 보고서를 통해 극동지역에서 가장 믿을만한 동맹국은 대한민국이라고 강조했다. 그런 대한민국의 전력증강을 위해 미국은 국군 20개 사단과 1개 해병사단, 그리고 해군과 공군의 현대화를 지원해야 된다고 건의했다. 밴플리트의 건의는 해병대의 증강을 제외하고는 대부분 받아들여졌다. 1950년대 국군의 전력증강과 현대화가 빨리 이루어진 데에는 밴플리트의 숨은 노력이 있었다.

밴플리트 장군이 이승만 대통령을 아버지처럼 존경했다는 것은 잘 알려진 사실이다. 그는 이승만 대통령의 생신날에는 꼭 참석하여 축하해 줬다. 1955년 3월 26일, 이승만 대통령의 제80회 생신에 참석한 밴플리트는 이승만 대통령에게 특별한 선물을 했다. 자신이 파키스탄 정부로부터 선물받은 살아있는 벵골산 호랑이를 이승만 대통령에게 선물했던 것이다. 이승만 대통령은 이 호랑이를 동물원에 기증함으로써 화제가 됐다.

특히 밴플리트는 이승만 대통령이 하와이에서 서거하자 유해를 모시고 서울까지 왔던 고마운 분이다. 1965년 7월 19일, 하와이에서 이승만 대통령이 서거하자, 밴플리트는 불원천리(不遠千里) 마다 하지 않고 플로리다에서 하와이까지 와서 고인의 유해를 한국까지 모시고 왔다. 밴플리트는 정말 이승만 대통령을 아버지처럼 존경하며 섬겼다. 두 사람의 우정은 나이와 국적을 떠나 이어졌다. 이러한 아름다운 우정은 세인들의 감동을 불러일으키기에 충분했다.

밴플리트의 대한민국 사랑은 이승만 대통령 사후에도 계속됐다. 5.16 후, 밴플리트는 박정희 대통령을 도와 한국의 경제건설을 위해 많은 도움을 줬다. 이승만 대통령 때와 마찬가지로 미국의 유명한 경제인들을 데리고 한국에 투자하도록 유도했다. 밴플리트와 함께 방한한 미국 경제인들로는 블로크녹스(Blawknox), 웨스팅하우스(Westing House), 걸프오일(Gulf Oil) 회사의 사장단 등이 있었다. 이후에도 밴플리트는 한미 경제협력을 위해 자신이 도울 수 있는 일을 찾아 대한민국에 도움을 줌으로써 박정희 대통령이나 한국 국민들로부터 사랑을 받았다.

이승만 대통령과 함께
제주도 '송당 목장' 개발 추진

밴플리트는 제주도 목장개발에도 많은 노력을 기울였다. 축산에 좋은 조건을 가진 제주도에 목장을 만들어 한국인에게 고기를 먹이겠다는 밴플리트의 꿈이 담겨 있었다. 밴플리트는 미 제8군사령관 재직 시절부터 신병훈련소가 있는 제주도를 자주 찾았는데, 그때마다 제주도가 목장지로 최적의 자연조건을 갖추고 있음을 알았다. 그러한 밴플리트의 생각은 그가 전역 후에 플로리다로 가서도 잊혀지지 않았다. 플로리다에서 조그만 목장을 경영하고 있던 밴플리트는 축산에 대해 관심이 많았다. 그는 이승만 대통령에게 기회가 있을 때마다, 천혜의 광활한 축산조건을 갖추고 있는 제주도에 대규모 목장을 건설하여, 품종이 뛰어난 외국산 소를 도입해서, 몸집이 작은 한우를 개량해야 한다고 설득했다. 이승만 대통령도 밴플리트의 의견에 동조했다. 그렇게 해서 이승만 대통령과 밴플리트가 목장개발 후보지 답사를 위해 제주도를 찾은 것이 1956년 5월이었다.

이승만 대통령이 제주도 목장건설을 결심하게 되자, 밴플리트는 외국인 수의사를 대동하고, 제주도의 목장개발 예정지를 돌아보기 위해 1957년 3월 28일, 제주도를 다시 방문했다. 밴플리트는 정재설(鄭在商) 농림부장관, 이남신 축정국장, 육군본부 공병감실 표순구 중령 등과 함께 안덕면 서광리와 한림면 금악리, 구좌면 송당리를 돌아보았다. 밴플리트는 그 중에서 송당 지역이 대규모 목장지대로 가장 적합하다고 판단했다. 그렇게 해서 제주도에 이승만 대통령의 적극적인 지원과 관심 하에 대규모 목장이 조성되기 시작됐다. 그것이 바로 제주도의 송당목장(松堂牧場)이었다. 그로부터 며칠 후 밴플리트는 최영희(崔榮喜) 제2군사령관과 다시 와서 구체적인 목장조성 계획을 수립했다. 이어 이형근(李亨根) 육군참모총장이 육군공병감을 대동하고 제주도에 와서 목장건설에 필요한 지원 사업을 살피고 돌아갔다.

1957년 4월 15일, 농림부는 제주도 송당목장 개발계획을 발표하고, 송당목장을 국립제주도목장으로 하되 육군공병단에서 건설공사를 7월 12일까지 완공한다고 밝혔다. 송당목장은 900만평의 규모에 축사 105동과 관사 8동을 건설할 계획이었다. 목장관사에는 대통령 전용 특호관사 1동과 귀빈용 갑호관사 2동, 을호관사 1동이 포함됐다. 대통령 전용 특호관사는 지금도 제주도에 남아 있고, 최근에는 대한민국 근대문화유산(문화재청 등록문화재 113호 지정)으로 지정되어 관리되고 있다. 이 관사는 이승만 대통령이 머물었다고 해서 일명 '제주 이승만 별장'으로 알려져 있다. 이승만 대통령이 마지막으로 이 관사를 찾은 것은 1959년 8월 3일로 이승만 대통령의 7번째의 송당목장 방문이었다.

1957년 7월 23일 제주도 송당목장 조성지를 방문한 이승만 대통령은 "귀한 땅을 개발하면서 조금이라도 많은 수확을 얻을 수 있도록 모든 노력을 다하되, 옛날의 축산방식으로 하지 말고, 새로운 방식으로 현대식 목장운영을 해보라."고 지시했다. 이어 제주시 관덕정 광장에서 열린 도민환영대회에서 참석한 이승만 대통령은 송당목장 건설계획을 언급하면서, "우리 국민도 이제는 쇠고기를 먹어야 합네다."라는 유명한 말을 남겼다. 이승만 대통령의 지대한 관심과 밴플리트의 지원으로 송당목장 건설은 순조롭게 진행됐다.

1957년 8월 9일, 밴플리트의 고향인 미국 플로리다에서 수송돼 온 미국산 육우(肉牛)인 브라만 166마리가 부산항에 도착한 뒤 LST 2척에 나눠, 제주도 성산포항에 도착했다. 그 해 9월에는 면양과 산양 148마리를 미국으로부터 들여왔고, 12월 3일에는 방목용이면서 체구가 큰 브라만을 비롯한 해리포드, 산타, 앵거스 등 200마리의 소를 들여왔다. 이즈음 목장명칭도 '국립제주목장'으로 바뀌었다.

이승만 대통령은 시간이 날 때마다 제주도 목장을 찾았다. 1956년 12월 6일, 이승만 대통령은 모슬포 비행장에 도착한 뒤 송당목장에 새로 지은 대통령 전용관사인 특호관사에서 하룻밤을 묵었다. 이승만 대통령은 이곳에 머물면서 목장일대를 샅샅이 살펴보고, 다음 날 제주도 관덕정에 마련된 제주시민환영대회에 참석해서, "정부는 많은 예산을 들여 미국의 기술과 원조를 받고 송당목장을 훌륭한 목장으로 만들기 위해 소와 염소 600마리를 들여오고 있다. 송당목장은 한국 사람들이 고기를 먹을 수 있도록 하기 위함이다."며 흥분을 감추지 못했다. 이어 이승만 대통령은, "이번 크리스마스 때 한미재단 고문인 밴플리트 장군이 와 보겠다고 하니 성대히 환영해 주길 바란다, 제주도에 금수강산을 만들어 세계 사람들이 구경 오도록 하자."며 기뻐했다. 이처럼 송당목장에 대한 이승만 대통령과 밴플리트의 관심과 애정은 대단했다. 여기서도 밴플리트 장군의 한국사랑에 대한 온기가 느껴진다.

4부

대한민국의
영원한
동반자로 남다

밴플리트에 대한 대한민국과 국민들의 보은(報恩)

1953년 1월 26일, 이승만 대통령은 이임하는 밴플리트 장군에게 대한민국 최고 훈장인 건국공로훈장을 수훈하며, 그동안의 노고를 치하했다. 그리고 5일 후인 1월 31일, 서울대학교는 부산의 경남도청에서 명예박사학위를 수여했다. 여기에는 이승만 대통령도 참석했다. 밴플리트 장군의 이·취임식 때는 대한민국 최고 무공훈장인 태극무공훈장이 수여됐다. 이는 대한민국을 수호하고 국군의 전력증강을 위해 헌신하다 이임하는 밴플리트 장군을 위해 대한민국 정부와 국민들이 할 수 있는 최대의 예의와 감사의 표시였다.

이승만 대통령은 여기서 그치지 않았다. 밴플리트 장군에 대한 고마움이 너무 컸기 때문이다. 1953년 2월 5일에는 밴플리트 장군을 환송하기 위해 이승만 대통령을 비롯한 전 국무위원과 정부요인들이 한 자리에 모였다. 유례가 없는 일이었다. 이승만 대통령은 그것도 모자라 출국을 하루 앞둔 2월 11일, 밴플리트 장군을 경무대로 다시 불러 마지막 저녁식사를 함께 나눴다. 이승만 대통령으로서는 밴플리트를 그대로 떠나보내기가 너무나 아쉬웠기 때문이다.

서울대학교로부터 명예박사학위를
받은 밴플리트 장군을 축하하는
이승만 대통령 (1953. 1)

밴플리트는 1953년 2월 12일, 한국을 떠나서도 대한민국과 국군을 위해 헌신적으로 노력했다. 그 중 가장 인상적인 것이 대한민국 육군사관학교에 도서관을 짓게 해 준 것이다. 이에 대한민국 정부와 육군사관학교에서는 밴플리트 장군의 공적을 높이 기리기 위해 1960년 3월 31일, 교내에 밴플리트 장군의 동상을 건립했다. 이때부터 밴플리트는 '대한민국 육군사관학교의 아버지'로 불려지게 됐다. 그의 고마움에 걸맞는 자연스러운 호칭이다.

밴플리트의 동상 건립식에 참석한 이승만 대통령은 기념사에서, "공산군이 38도선을 넘어 돌진해 왔을 때, 대한민국의 젊은이들은 총을 달라고 절규했지만, 어느 누구도 귀를 기울이지 않았습니다. 하지만 밴플리트 장군은 그들 손에 M-1 소총을 들려주고, 그들을 훈련시켰습니다. (중략) 이 위대한 군대를 만들고, 군인들이 조국을 위해 싸울 수 있게 해주었으며, 공산주의의 침략에 대항해 자유세계의 최전선을 지킬 수 있게 해준 것은 바로 밴플리트 장군의 신념과 확신이었습니다."라며 밴플리트의 전공과 공적을 높이 치하했다.

이승만 대통령은 그런 밴플리트를 위해 붓글씨로 쓴 한시(漢詩)를 답례로 전했다. 그것은, "一身白雲上 萬國赤焰中 百戰成功地 歐西與亞東(일신백운상 만국적염중 백전성공지 구서여아동)."이다. 그 뜻을 풀이하면 "한 몸이 흰 구름 위에 솟아 날아올라, 온갖 나라 공산군 불길 속에서, 백번 싸워 공을 이룬 곳을 두고, 서유럽이냐 동아시아냐를 묻지 마소."라는 의미다. 이는 지략이 출중한 밴플리트 장군이 제2차 세계대전시 유럽전선과 6.25전쟁에서 침략군에 맞서 백전백승했는데, 그것이 유럽이니 아시아니 따지지 말라는 것으로 그의 뛰어난 전공을 한시로 표현한 것이다.

이승만 대통령은 밴플리트가 미국으로 돌아가자 주미 한국대사에게 밴플리트 장군이 세계 어디에 있든 간에, 그의 생일날에는 반드시 자신과 한국 국민들을 대표하여 축하의 전화를 하도록 지시했다. 이승만 대통령이 얼마나 밴플리트 장군을 아끼며 존경하는지를 알게 해 준다.

대한민국 국민들은 미군 조종사로 참전해 전사한 밴플리트 장군의 아들인 밴플리트 대위의 흉상을 건립하여 추모의 정을 담았다. 한미동맹친선협회(회장 서진섭)와 미 제7공군사령부의 주관으로 2012년 6월 12일, 오산 미 공군기지 내에 밴플리트 대위의 흉상을 건립했다. 밴플리트 대위가 전사한지 60주년이 되는 해를 기념해서다. 6.25전쟁 때 밴플리트 대위처럼 전사했거나 부상당한 미군 조종사는 1,920명에 달했다. 한미동맹친선협회는 이들의 숭고한 희생을 기리기 위해 밴플리트 대위의 흉상을 건립했다고 했다. 이날 밴플리트 대위의 흉상 제막식에는 박승춘 국가보훈처장, 성일환 공군참모총장, 권오성 한미연합사 부사령관, 잔 마크 주아스(Jan-Marc Jouas) 미 제7공군사령관, 박세환 재향군인회 회장, 서진섭 한미동맹친선협회 회장 등이 참석해 자리를 빛냈다.

밴플리트 장군은 1992년 9월 23일, 100세의 나이로 별세했다. 밴플리트 장군의 사망 소식을 접한 미국 언론들은 밴플리트에게 '전쟁

영웅 또는 전투장군(Combat General)'이라는 타이틀을 달며 애도했다. 트루먼 대통령도 밴플리트가 '미국의 가장 위대한 장군'이라며 그의 죽음을 안타까워했다. 플로리다의 이웃들은 그를 '조국의 보배이자 플로리다가 낳은 가장 위대한 인물'이라며 눈물지었다. 대한민국의 노태우 대통령은 밴플리트 장군의 서거 소식을 듣고, "한국 국민들은 밴플리트의 이름을 항상 가슴속에 지니고 있습니다. 그리고 모든 한국 국민들은 감사하는 마음으로 그를 오래도록 기억할 것입니다." 라며 조의(弔意)를 표했다.

국가보훈처는 2014년 3월, 대한민국 수호를 위해 헌신한 밴플리트 부자를 '이 달의 6.25전쟁의 영웅'으로 선정하여 추모했다. 밴플리트 장군에 대한 대한민국 정부와 국민이 베풀 수 있는 최대의 경의(敬意)이자 배려였다. 밴플리트가 오늘날까지 한국 국민들에게 잊혀지지 않고 있는 것도 이 때문일 것이다. 그는 대한민국과 미국 역사에 당당히 기록될 만한 충분히 가치 있는 일을 한 역사적 인물임에 틀림없다.

한미동맹의 상징이 된
밴플리트 상(賞)

'밴플리트 상(Van Fleet Award)'은 6.25전쟁시 미 제8군사령관으로 대한민국을 수호했고, 이후 양국의 교류에 힘쓴 밴플리트 장군을 기리기 위해 한미친선협회인 코리아 소사이어티(Korea Society)가 제정한 상이다. 코리아 소사이어티는 1957년 밴플리트가 만들어 한국의 이익을 위한 대변인 역할을 했다. 한때 밴플리트는 정전협정 체결 후, 미국이 휴전하는 대가로 약속한 한국의 부흥을 위해 설치한 한미재단(American Korean Foundation)의 이사장과 고문직을 맡아 활동했으나, 얼마 후 여기에서 손을 떼고, 1957년 코리아소사이어티를 만들어 본격적으로 한국을 돕게 됐다. 본부는 뉴욕에 두고 있으며, 미국의 많은 저명인사들이 참여하고 있다.

코리아소사이어티는 밴플리트 장군 사후(死後), 밴플리트 장군을 기리기 위해 매년 양국의 관계발전 및 한미동맹 강화에 기여한 인물 및 기관에 밴플리트 상을 수여하고 있다. 밴플리트 상은 밴플리트 장군이 서거한 1992년에 제정되어 수여되고 있다. 이는 밴플리트가 대한민국과 미국에게 남긴 위대한 유산이 됐다.

역대 수상자에는 한미 양국의 정치, 외교, 경제, 군사 지도자들이 대부분 망라되어 있다. 연도별 수상자들을 살펴보면 다음과 같다. 1992년 에이버리 맥코넬 대위(밴플리트의 외손녀로 군인), 1993년과 1994년 수상자 없음, 1995년 김철수 세계무역기구 사무처장, 1996년 제임스 레이니 주한미국대사, 1997년 구평회 한국무역협회 회장, 1998년 최종현 SK그룹회장, 김종훈 루슨트테크놀로지 사장, 1999년 윌리엄 페리 전 미 국방부장관, 2000년 지미 카터 미 제39대 대통령, 2001년 김경원 주미한국대사, 2002년 호레이스 언더우드 4세(원한광) 연세대학교 교수, 2003년 레이먼드 데이비스 미국 해병대 대장(예비역), 2004년 반기문 외교통상부 장관, 2005년 조지 H. W. 부시 제41대 미국 대통령, 2006년 이건희 삼성그룹 회장, 2007년 김대중 제15대 대통령, 2008년 돈 오버도퍼(Don Oberdorfer) 존스홉킨스 대학교 국제관계학 대학원 교수, 미국 평화봉사단, 2009년 정몽구 현대―기아 자동차그룹회장, 헨리 키신저 전 미 국무장관, 2010년 백선엽 예비역 대장, 2011년 미상, 2012년 한덕수 한국무역협회 회장, 2013년 안호영 주미한국대사, 성 김 주한미국대사, 2014년 박용만 두산그룹회장 등이다.

밴플리트 장군은 죽어서도 대한민국을 돕고 있는 셈이다. 밴플리트의 오랜 한국 사랑이 결국 밴플리트 상으로 발전했기 때문이다. 밴플리트 상은 앞으로도 계속해서 한미양국의 외교, 정치, 군사, 경제 분야, 그리고 무엇보다 한미동맹 강화에 크게 기여할 것으로 여겨진다.

대(代)를 잇는 대한민국과의 깊은 우의(友誼)

밴플리트의 집안은 군인 가문이다. 밴플리트는 슬하에 딸 둘과 아들 하나를 두었다. 큰사위 맥코넬과 둘째사위 맥크리스천은 모두 미 육군사관학교를 졸업했다. 아들 밴플리트 2세(James Van Fleet Jr. 1925-1952)는 미 육군사관학교를 나와 공군조종사가 되어 밴플리트가 그리스 군사고문단장으로 있을 때, 그리스 근무를 자청하여 그곳에서 근무했던 적도 있다. 밴플리트 부자는 사냥과 운동 등 취미가 비슷했다. 그런 점에서 두 부자는 친구처럼 서로 잘 어울렸다.

밴플리트 중위는 아버지가 미 제8군사령관으로 임명되어 한국으로 가게 되자, 자신도 한국근무를 자원하고 나섰다. 그렇게 해서 밴플리트 중위는 1952년 3월에 한국으로 오게 됐고, 이에 따라 밴플리트 부자는 한국에서 함께 근무하게 됐다. 아버지는 유엔군지상군을 총지휘하는 미 제8군사령관이었고, 아들은 B-26전략폭격기 조종사였다. 밴플리트 중위는 1952년 4월 4일, 야간 공습임무를 띠고 북한지역으로 들어갔다가 적의 대공포를 맞고 전사했다. 미군 최고사령관의 아들이 전선에서 전사한 것이다. 밴플리트 장군은 실종된 아들을 찾겠다는 미 제5공군의 수색작전을 만류하며, "내 아들로 인한 더 이상의 희생은 원치 않는다."며 수색작전을 종결하도록 했다. 홀륭한 아버지에 더 없이 훌륭한 아들이다. 모두 대한민국의 자유민주주의를 수호하기 위해 한국에 와서 겪은 희생과 아픔이었다. 한미동맹친선협회는 밴플리트 2세를 기리기 위해 미 오산공군기지 내에 밴플리트 2세 대위의 흉상을 건립했다. 밴플리트 2세는 전사 후 대위로 추서됐다.

밴플리트 2세는 1948년 6월 8일 육군사관학교를 졸업한 날 결혼했다. 밴플리트 장군도 임관 직후 결혼했다. 두 부자가 임관하자마자 결혼한 것도 비슷했다. 두 부자는 그런 것도 닮았다. 동기생 중 가장 먼저 결혼한 밴플리트 2세는 그 다음해인 1949년에 아들을 낳았다. 밴플리트 3세로 밴플리트 장군의 유일한 친손자다. 밴플리트 2세는 2미터의 키에 준수한 미남 청년이었다. 미국대학 200미터 평영 기록 보유자였고, 아버지처럼 사냥에도 뛰어난 솜씨를 보여줬다. 밴플리트는 그런 아들을 대견스러워하며 함께 사냥을 다니곤 했다. 아들의 전사는 밴플리트에게 커다란 충격이었다. 하지만 군인인 그로서는 그것을 감내해야 했다.

밴플리트 중위는 혈육을 남겼다. 밴플리트의 손자인 밴플리트 3세(James A. Van Fleet III)이다. 밴플리트 3세도 할아버지와 아버지의 뒤를 이어 군인이 됐다. 그는 아버지처럼 미 공군조종사가 되기 위해 공군사관학교를 졸업하고, 소령까지 올라갔다. 밴플리트 3세는 1964년 8월 19일 광복절 제19주년을 맞이하여 할아버지와 함께 대한민국을 방문하고 청와대로 박정희(朴正熙) 대통령을 예방했다. 그때 12살 소녀였던 박근혜 대통령과 찍은 기념사진이 남아 있다. 밴플리트 장군은 박정희 대통령과도 친밀한 관계를 유지했다. 밴플리트가 한미동맹과 한국의 경제발전을 위해 노력했기 때문이다. 박정희 대통령이 국가재건최고회의 의장 시절 밴플리트는 제주도 송당목장을 방문한 인연도 갖고 있다. 밴플리트 가문은 3대에 걸쳐 대한민국과 인연을 맺고 있다.

밴플리트의 사위와 외손자도 대한민국과 인연이 깊다. 밴플리트의 두 사위인 맥코넬과 맥크리스천은 밴플리트가 미 제8군사령관으로 있을 때 대한민국 4년제 육군사관학교 창설에 많은 도움을 주었다. 맥크리스천은 육군 준장까지 진출했다. 그는 밴플리트 장군의 장례식을 총지휘했다. 맥크스천의 아들 맥크스천 2세(Joseph McChristian Jr.)도 1965년 미 육군사관학교를 나와 장교의 길을 걸었다. 1977년 소령으로 전역할 때까지 맥크리스천은 베트남 전쟁에도 참전하며 외할아버지 밴플리트 장군처럼 야전군인으로서 용맹을 떨쳤다. 맥코넬의 딸인 에이버리 맥코넬도 장교로 임관하여 밴플리트가 서거했을 때 대위로 있었다. 친손자와 외손자 그리고 외손녀까지 장교가 된 명실상부한 군인 가족이다. 그리고 그들은 한국과의 인연을 소중히 여겼다.

맥크리스천 2세는 전역 후 민간기업에서 일하다 지금은 한미 양국 간의 가교 역할을 하는 코리아소사이어티의 회원으로 활동하고 있다. 외할아버지의 대를 이어 한국과의 인연을 잇고 있는 셈이다. 맥크리스천은 2013년 한미동맹 60주년을 맞이하여 한국을 방문하고, 육군사관학교에 있는 외할아버지 밴플리트 장군의 동상과 오산 미 공군기지에 있는 외삼촌 밴플리트 2세의 흉상에 헌화했다.

밴플리트의 외증손자도 미 육군사관학교 재학 중이라고 한다. 첫째 사위인 맥코넬의 손자가 2017년 미 육군사관학교를 졸업한다고 하니 밴플리트 가문은 4대째 미 육군사관학교 졸업생을 배출하게 된 셈이다. 맥코넬 손자가 장교로 임관하여 한국근무를 하게 되면 밴플리트 가문과의 새로운 인연이 다시 열리게 될 것이다. 그렇게 되면 밴플리트 가문과 대한민국과의 영원한 우의(友誼)가 더욱 돈독해지게 될 것이다.

밴플리트 장군은 알링턴 국립묘지에서 자신이 생전에 가장 존경했던 마셜(George C. Marshall) 원수의 묘지 바로 옆에 묻혀 있다. 그는 그곳에서 손자와 증손자들이 자신이 반평생을 두고 열정을 바쳤던 대한민국과의 소중한 인연을 이어가는 것을 흐뭇한 미소를 지으며 지켜보고 있을 것이다. 자신이 이루지 못하고 미완성으로 끝낼 수밖에 없었던 대한민국의 통일을 기대하면서! 그런 밴플리트 장군에게 대한민국 국민의 이름으로 다시 한 번 경의와 감사를 드린다.

연보

1892. 3. 19.	뉴저지 주 코이츠빌 출생
1911. 5.	플로리다 주 바토우 서머린학교 부속 중등학교 졸업
1915. 6. 12.	미 육군사관학교 졸업 및 소위 임관
9. 12.	뉴욕 플랫츠버그 제3보병연대로 부임
1916.	중위 진급
1917. 10. 10.	대위 진급, 캔자스 주 레븐워쓰 육군군사학교 무기 및 전술학 교관
1918. 4. 6.	조지아 주 포레스트기지 제16기관총대대 기관총 중대장
7.	제1차 세계대전 프랑스 전선 참전
7. 17.	소령 진급과 동시 미 제6사단 제17기관총대대장, 뫼즈-아르곤 작전
1919. 6.	귀국, 미 제6사단 제17기관총대대장
1920.	가을 캔자스 주립대학 학군단 군사학 교수, 미식축구팀 코치
1921. 1.	사우스다코타 대학 학군단 군사학 교수, 미식축구팀 코치
	여름 플로리다 대학 학군단 군사학 교수, 미식축구팀 감독
1922.	대위 강등(미군 병력 규모 축소)
1924.	소령 복귀
1925.	파나마 주둔 제1대대장
1927.	미 육군 미식축구팀 감독
1928~1929.	조지아 주 포트 베닝에서 고등군사반 교육
1929~1933.	플로리다 대학 학군단 군사학 교수
1933. 7.	제5연대 2대대장 겸 샌디에이고 국토개발단 제1지역 선임장교
1936. 10.	중령 진급
1939. 9.	조지아 주 포트 베닝의 제29연대 1대대장

1941. 6. 25.	대령 진급, 제4사단 8연대장 보직
1944. 1.	제2차 세계대전 참전위해 영국 리버풀 도착
6. 6.	노르망디 상륙작전에 연대장으로 참가
8. 1.	준장 진급, 미 제2사단 부사단장 보직
10. 7.	미 제90사단장 보직, 모젤강 도하작전
11. 15.	소장 진급, 벌지전투 수행
1945. 2. 17.	영국 주둔 제23군단장 보직
3. 17.	유럽 전선의 미 제3군단장 보직, 독일 진공
1946. 2.	뉴욕 제2지원사령부 사령관
6. 11.	미 본토의 제1군 부사령관
1947. 12.	프랑크푸르트 미 육군 유럽군사령부 참모부장
1948. 2.	중장 진급, 그리스 미 군사고문단장 보직
1950. 8. 10.	미 본토의 제2군사령관 보직
1951. 4. 14.	미 제8군사령관 겸 유엔지상군사령관 임명
8. 1.	대장 진급
1953. 2. 11.	미 제8군사령관 이임(후임 테일러 육군중장)
3. 31.	육군 대장으로 전역
8.	한미재단 이사장으로 방한
1954. 5.	극동지역 군사원조조사단장으로 방한
1955. 3.	이승만 대통령 80회 생일축하연 참석, 벵골호랑이 선물
1960. 3. 31.	대한민국 육군사관학교, 밴플리트 동상 건립행사
1965. 7. 19.	이승만 하와이에서 서거하자 한국으로 유해 운구
1992. 9. 23.	타계

참고문헌

Ⅰ. 국문자료

1. 단행본

국방부군사편찬연구소,『6.25전쟁사』제1-11권, 군사편찬연구소, 2004-2013.

남정옥,『한미군사관계사 1871-2002』, 국방부 군사편찬연구소, 2003.

──,『이승만 대통령과 6.25전쟁』, 이담북스, 2010.

──,『6.25전쟁시 예비전력과 국민방위군』, 한국학술정보, 2010.

──,『미국은 왜 한국전쟁에서 휴전할 수밖에 없었을까』, 한국학술정보, 2010.

──,『6.25전쟁의 재인식과 이해』, 전쟁기념관, 2014.

── 외,『이승만과 6.25전쟁』, 연세대학교 출판문화원, 2012.

── 외,『이승만 연구의 흐름과 쟁점』, 연세대학교 대학출판문화원, 2012.

서상문,『毛澤東과 6.25전쟁』, 서울: 국방부군사편찬연구소, 2006.

서울신문사,『駐韓美軍 30年』, 행림출판사, 1979..

에드워드 로우니 지음, 정수영 옮김,『인천상륙작전을 계획한 맥아더장군 부관의 회고
    록:운명의 1도』, 후아이엠, 2014.

윌리암 스툭 저, 김형인, 김남균 외 공역,『한국전쟁의 국제사』, 푸른역사, 2001.

유영익 편,『이승만 대통령 재평가』, 연세대학교 출판부, 2006.

유영익 편,『한국과 6.25』, 연세대학교 출판부, 2003.

이상호,『맥아더와 한국전쟁』, 푸른 역사, 2012.

차상철,『한미동맹 50년』, 생각의 나무, 2004.

한표욱,『韓美外交 요람기』, 중앙일보사, 1984.

2. 회고록, 평전, 전기, 증언

계인주,『맥아더 將軍과 桂仁珠 대령』, 다인미디어, 1993.

김정렬,『회고록』, 을유문화사, 1993

리지웨이 著, 김재관 역,『한국전쟁 제2대 유엔군 사령관 매듀 B. 리지웨이』, 정우사, 1984.

마크 클라크 著, 김형섭 역,『다뉴브 강에서 압록강까지』, 국제문화출판공사, 1981.

백선엽,『군과 나』, 대륙연구소, 1989

육군본부 역,『위대한 장군 밴플리트』, 육군교육사령부 자료지원처, 2001.

이한림,『회상록 : 세기의 격랑』, 도서출판 팔복원, 1994

이형근,『군번 1번의 외길 인생』, 중앙일보사, 1993

유재흥,『격동의 세월』, 을유문화사, 1994

유현종,『백마고지 : 김종오장군 일대기』, 을지출판공사, 1985

정일권,『정일권 회고록』, 고려서적(주), 1996

프란체스카 여사,『프란체스카의 난중일기 : 6.25와 이승만』, 기파랑, 2010.

홍학지 저, 홍인표 역,『중국이 본 한국전쟁』, 고려원, 1992.

홍학지 저, 홍인표 역,『중국인민지원군 부사령관 홍학지의 전쟁회고록: 중국이 본 한국 전쟁』, 한국학술정보, 2008.

3. 논문, 신문

김병륜, '몇 세대가 지나도 한미동맹 유지될 것', 「국방일보」, 2013. 10. 30.

김수찬, '한국을 사랑한 밴플리트 미 육군대장', 「한국경제」, 2009. 4. 30.

김종배, '김종배의 도백 열전(27) 제8대 전인홍 도지사②', 「제주의 소리」, 2004. 5. 30.

김용운, '김용운이 만난 거인들(35) 밴플리트 대장', 「일요신문」, 2010. 8. 30.

김종배, '김종배의 도백 열전(27) 제8대 도지사 전인홍②', 「제주의 소리」, 2004. 5. 30.

김행복, '한국전쟁 중 한국군총사령관의 작전지도-채병덕, 정일권, 이종찬, 백선엽 장군-', 「전사」 제4호, 국방부 군사편찬연구소, 2002.

남정옥, '6.25전쟁과 이승만 대통령의 전쟁지도', 「군사」 제63호, 국방부 군사편찬연구소, 2007.

남정옥, '6.25전쟁시 미국 지상군의 한반도 전개방침과 특징', 「군사」 제72호, 국방부 군사편찬연구소, 2009.

남정옥, '이승만 대통령과 한미연합군 지휘관들', 「국방일보」, 2007. 12. 10.

남정옥, '6·25와 한미의 노블레스 오블리주', 「국방일보」, 2008. 3. 31.

남정옥, '밴플리트 미8군사령관의 작전지도', 「국방일보」, 2008. 4. 21.

남정옥, '이승만 대통령과 밴플리트 장군', 「국방일보」, 2008. 5. 26.

남정옥, '밴플리트 장군과 그의 외아들 전사', 「국방일보」, 2008. 9. 22.

노양규, '6.25전쟁 중 미8군사령관의 작전지도 : 워커, 리지웨이, 밴플리트, 테일러 장군', 「국방저널」 제454호, 국방홍보원, 2011.

백선엽, '밴플리트 장군과 한국군', 「군사」 제57호, 국방부 군사편찬연구소, 2005.

이미숙, '6.25전쟁기 미국의 한국군 증강정책과 그 특징', 「군사」 제68호, 국방부 군사편찬연구소, 2008.

이현표, '밴플리트 장군 아들의 실종(2): 외아들 지미 6.25전쟁 중 잃다', 「국방일보」, 2013. 11. 4.

정토웅, '한국전쟁 중 미8군사령관의 작전지도-워커, 리지웨이, 밴플리트, 테일러 장군-', 「전사」 제4호, 국방부 군사편찬연구소, 2002.

제주일보, '제주개발 50년의 서막을 열다', 「제주일보」, 2011년.

최상철, '밴프리트 장군의 필승의 신념', 「육군광장」 제78호, 육군본부, 2000.

II. 영문자료

1. 단행본

Appleman, Roy E., *South to the Naktong, North to the Yalu, June-November 1950*, United States Army in the Korean War, Washington, D.C.: Government Printing Office, 1961.

Blair, Clay, *The Forgotten War: America in Korea, 1950-1953*, New York: Times Book, 1987.

Condit, Doris M., *History of the Office of the Secretary of Defense, Vol.* II, *The Test of War, 1950-1953*, Washington, D.C.: Government Printing Office, 1988.

Eisenhower, Dwight D., *The White House : Mandate for Change, 1953-1956*, Garden City, NY: Doubleday and Company, 1963.

Fehrenbach, T. R., *This Kind of War: A Study in Preparedness*, New York: Macmillan, 1963.

Finley, James P., *The US Military Experience in Korea, 1871-1982: In the Vanguard of ROK-US Relations*, San Francisco: Command Historian[s]Office, Secretary Joint Staff, Hqs, USFK/EUSA, 1983.

Hermes, Walter G., *Truce Tent and Fighting Front, U. S. Army in the Korean War*, Washington, D.C.: Office of the Chief of Military History, United States Army, 1966.

Mossman, Billy C., *Ebb and Flow November 1950-July 1951*, Washington, D.C.: Center of Military History U. S. Army, 1990.

Rees, David, *Korea: The Limited War*, New York: St. Martin[s]Press, 1964.

Sandler, Stanley, *The Korean War: An Encyclopedia*, New York: Garland, 1995.

Schnabel, James F., *United States Army in the Korean War-Policy and Direction: The*

First Year, Washington, D.C.: Office of the Chief of Military History, United States Army, 1972.

Spanier, John W., *The Truman-MacArthur Controversy and the Korean War*, New York: W. W. Norton, 1965.

Summers, Harry G., *Korean War Almanac*, New York: Facts on File, 1990.

Toland, John, *In Mortal Combat: Korea*, 1950-1953, New York: William Morrow, 1991.

Tucker, Spencer C., *Encyclopedia of the Korean War: A Political, Social, and Military History*, New York: Facts on File, 2002.

2. 회고록, 평전, 전기

Bradley, Omar N., *A General[s]Life*, New York, 1983.

Braim, Paul F., *The Will to Win*, Annapolis : The Naval Institute Press, 2000.

Clark, Mark W., *From to the Danube the Yalu*, New York : Harper and Row, 1974.

Collins, J. Lawton, *War in Peacetime : The History and Lessons of Korea*, Boston : Houghton Mifflin, 1969.

Ridgway, Matthew B., *The Korean War*, Garden City, N. Y. : Doubleday and Company, 1967.

Truman, Harry S., *Memoirs: Year of Decisions, vol. 1*, Garden City, N. Y. : Doubleday & Co., 1955.

, *Memoirs Year of Trial and Hope, vol. 2*, Garden City, N. Y. : Doubleday & Co., 1956.

찾아보기

〈대한민국 정체성 총서〉 기획위원

자유북한방송 대표	김성민
한국자유연합 대표	김성욱
군사편찬위원회 책임연구원	남정옥
전 월간조선 기자	이동욱
변호사	이인철
북한인권법 통과를 위한 모임	인지연
대한민국 정체성 총서 기획팀장	홍훈표

밴플리트, 대한민국의 영원한 동반자

| 펴낸날 | 초판 1쇄 　 2015년 5월 1일 |

지은이	남정옥
펴낸이	김광숙
펴낸곳	백년동안
출판등록	2014년 3월 25일 제406-2014-000031호

주소	경기도 파주시 광인사길 30
전화	031-941-8988
팩스	070-8884-8988
이메일	on100years@gmail.com

| ISBN | 979-11-86061-19-0 　 04300 |

※ 값은 뒤표지에 있습니다.
※ 잘못 만들어진 책은 구입하신 서점에서 바꾸어 드립니다.

이 도서의 국립중앙도서관 출판시도서목록(CIP)은 서지정보유통지원시스템 홈페이지
(http://seoji.nl.go.kr)와 국가자료공동목록시스템(http://www.nl.go.kr/kolisnet)에서
이용하실 수 있습니다.(CIP제어번호: CIP2015010879)

책임편집 홍훈표